AF455582

Association Galiniste.

J.-J. Rousseau, P. Galin, A. Paris, E. et N. Chevé.

La Musique mise à la portée de tous (E. Chevé)

L'ÉLÈVE MUSICIEN

Méthode Modale

Cours Moyen
en 24 Étapes
par
le Comité de l'Association Galiniste

L'usage de la notation chiffrée dans les Écoles publiques est autorisé par Arrêté de M. le Ministre de l'Instruction publique du 23 juillet 1883

Prix broché ——— 0f 60.
cartonné ——— 0f 80.

1e Édition
Janvier 1891.

Se trouve
à Paris, chez M. Alexandre Augé, secrétaire de l'Association,
N° 32, Rue des Bons Enfants;
et à l'Orphelinat Prévost (imprimerie de l'Association), à Cempuis, près Grandvilliers (Oise)

Préface.

Il ne faut commencer l'étude des exercices du présent livre " L'Élève musicien. Cours moyen "; que lorsqu'on a exécuté irréprochablement les exercices du Cours élémentaire.

Si l'élève apprend sous la direction d'un professeur, il n'a qu'à suivre les indications qui lui sont données; dans ce cas, le livre de l'Élève suffit.

Mais si l'élève n'a pas un professeur pour le guider, ce qui arrivera le plus souvent pour les adultes dont l'immense majorité ignore la lecture et l'écriture musicales, par suite de l'impuissance manifestée depuis des siècles par les anciennes méthodes officielles, il devra étudier sur le livre " L'Instituteur musicien ", qui contient, en regard de chaque exercice, les prescriptions indispensables pour arriver à une exécution parfaite.

Nous le répétons: grâce à la puissance des moyens pédagogiques créés par J. J. Rousseau, Galin, Paris, Mr & Mme Chevé que nous appliquons avec persévérance, le succès est infaillible.

Programme du Cours Moyen (Enfants de 9 à 11 ans).

Le même programme convient également aux enfants plus âgés et aux adultes qui ont commencé leurs études musicales en retard.

" L'homme est enfant pour tout ce qu'il ignore " (J. Macé).

1. *Intonation* _ Mode majeur, toutes les combinaisons des accords mineurs et majeurs de quinte & de septième.

Mode mineur, Combinaisons des deux accords mineurs 6 1 3, 2 4 6, de l'accord de quinte mineure 7 2 4, _ quinte majeure 3 5 7.

Dièses et bémols: Dièses 4 1 5 2 6, bémols 7 3 6 2 5 avec leurs points d'appui.

Modulations à la quinte et à la tierce ascendante et descendante avec soudures.

2. *Durée* _ Mesures à 2, 3, 4 temps, division binaire du temps et coupes élémentaires de la division ternaire, langue des durées, langage rhythmique et solmisation.

3. *Récréation* _ Phonomimie musicale, méloplaste de Galin, main musicale, intonation et mesure, comme aux paragraphes 1 & 2, et avec nuances.

4. *Dictée orale et écrite* _ Exercices séparés d'intonation et de mesure, dictées complètes, comprenant les difficultés d'intonation et de mesure indiquées aux art. 1 et 2 du Cours élémentaire, et transcription des dictées sur la portée.

5. *Lecture à vue* _ Duos en chiffres dans tous les tons majeurs et mineurs ramenés au mode, avec nuances, et se renfermant dans les difficultés d'intonation et de mesure indiquées ci-dessus; lecture sur portée des Solfèges les plus faciles lus en chiffres au C. Élém.re

6. *Chant* _ Exercices de vocalisation, exercices pour l'application des paroles à la musique; chants très simples avec paroles exécutés à première vue sans solmisation préalable; airs et duos avec paroles, dans tous les tons majeurs et mineurs ramenés au mode; exclusion absolue de tout enseignement par l'audition.

7. *Exercices de mémoire* _ Solfier de souvenir des airs du répertoire du Cours, indiquant en même temps les notes sur le tableau des accords ou en se servant des signes de la phonomimie musicale.

8. *Théorie* _ Définition de la musique et de ses 3 principaux éléments. Intonation, durée, expression, définition du mode & du ton; intervalles simples.

9. *Exercices graphiques* _ Transcription & retranscription de solfèges en ut majeur et la mineur, division binaire dans les deux écritures, chiffres et portée, clés de sol & de fa.

L'ÉLÈVE MUSICIEN

Cours Moyen
par le Comité de l'Association Galiniste
Notation chiffrée et poésie
J.-J. Rousseau, Galin, Paris, E. et N. Chevé.

1re Étape

Intonation

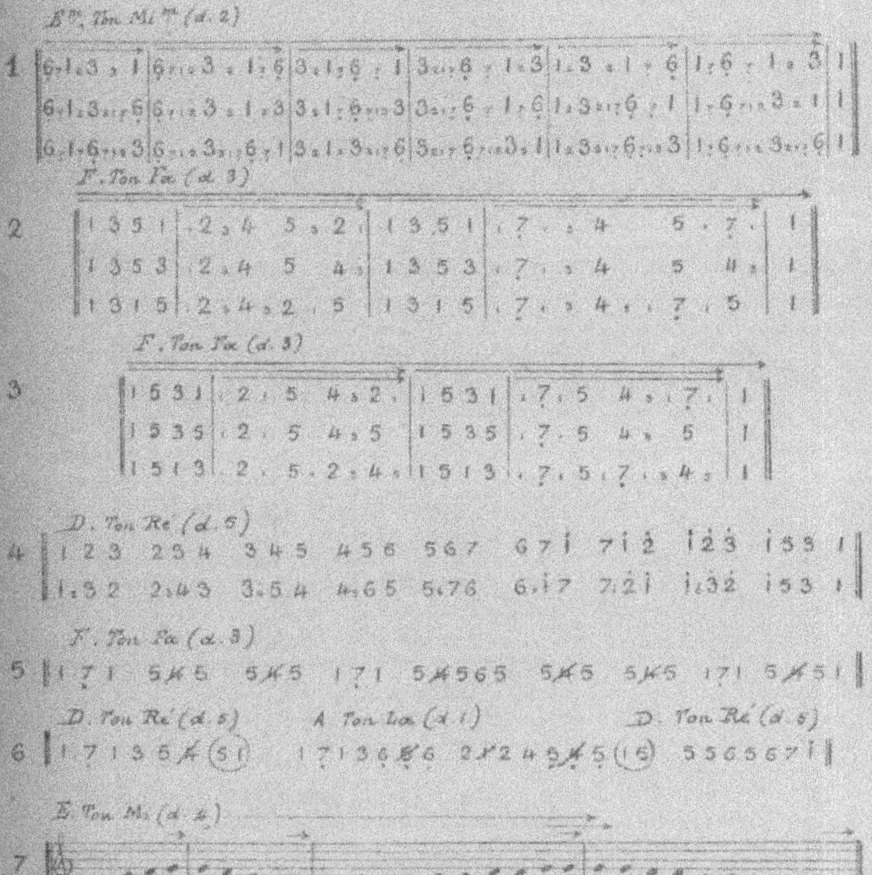

E♭. Ton Mi♭ (d. 2)

1 | 6 1 3 1 | 6 3 1 6 | 3 1 6 1 | 3 6 1 3 | 1 3 1 6 | 1 6 1 3 | 1 |
| 6 1 3 6 | 6 3 1 3 | 3 1 6 3 | 3 6 1 6 | 1 3 6 1 | 1 6 3 1 | 1 |
| 6 1 6 3 | 6 3 6 1 | 3 1 3 6 | 3 6 3 1 | 1 3 6 3 | 1 6 3 6 | 1 |

F. Ton Fa (d. 3)

2 | 1 3 5 1 | 2 4 5 2 | 1 3 5 1 | 7 4 5 7 | 1 |
| 1 3 5 3 | 2 4 5 4 | 1 3 5 3 | 7 4 5 4 | 1 |
| 1 3 1 5 | 2 4 2 5 | 1 3 1 5 | 7 4 7 5 | 1 |

F. Ton Fa (d. 3)

3 | 1 5 3 1 | 2 5 4 2 | 1 5 3 1 | 7 5 4 7 | 1 |
| 1 5 3 5 | 2 5 4 5 | 1 5 3 5 | 7 5 4 5 | 1 |
| 1 5 1 3 | 2 5 2 4 | 1 5 1 3 | 7 5 7 4 | 1 |

D. Ton Ré (d. 5)

4 | 1 2 3 2 3 4 3 4 5 4 5 6 5 6 7 6 7 1̇ 7 1̇ 2̇ 1̇ 2̇ 3̇ 1̇ 5 3 1 |
| 1 3 2 2 4 3 3 5 4 4 6 5 5 7 6 6 1̇ 7 7 2̇ 1̇ 1̇ 3̇ 2̇ 1̇ 5 3 1 |

F. Ton Fa (d. 3)

5 | 1 7 1 5 4̸ 5 5 4̸ 5 1 7 1 5 4̸ 5 6 5 5 4̸ 5 5 4̸ 5 1 7 1 5 4̸ 5 1 |

D. Ton Ré (d. 5) — A. Ton La (d. 1) — D. Ton Ré (d. 5)

6 | 1 7 1 3 5 4̸ (5 1) 1 7 1 3 6 5̸ 6 2 1̸ 2 4 5 4̸ 5 (1 5) 5 5 6 5 6 7 1̇ |

E. Ton Mi (d. 4)

7 [portée musicale]

8 ## Dictée (par le professeur).

L'élève tirera grand profit des exercices qu'il pourra faire de sa propre initiative en une foule de circonstances : chercher à donner les noms de la gamme aux vieux airs populaires qu'il entend ou qu'il chante lui même, aux airs joués par les cloches de son village, par les instruments ou les corps de musique qu'il peut avoir l'occasion d'entendre, &c. &c.

Reconnaître de plus dans tout cela, les endroits où se trouvent les temps forts et déterminer ensuite le nombre de temps de la mesure dans les airs entendus.

Mesure

E. Ton Mi (d. 4)

9 |1 2|3 4|5 4|3 2|1 1 2 2|3 3 4 4|5 5 5 5|1 1 1||
ta, ta ta, ta, ta, ta, ta, ta, taté, taté, taté, taté, taté, taté, taté, ta.
lu, ré mi fa sol fa mi ré, tutu, ré ré, mimi fa fa, sol sol, sol sol, tutu, tu.

F. Ton Fa (d. 3)

10 |1 1 1 2 3 4|5 5 5 4 5 2|1 . .|1 1 2 3 4|5 5 4 3 2|1 0 0|
taté, taté, taté, taté, taté, taté, tréeé, ta taté, taté, ta, taté taté tachuchu

F. Ton Fa (d. 3).

11 (portée, clé de fa, 3/4)
ta ta, ta, ta, ta, a, ta, a, ta, ta, ta, ta, ta, a, ta, a, ta, ta, ta, a, ta, a, ta, a,
lu, ré, mi, ...

Théorie.

Son. Hauteur. Durée. Intensité. Timbre. Expression.

12 Le Son. — Le son est l'élément essentiel de la musique.

13 Hauteur des Sons. — Il y a des sons bas ou graves et des sons hauts ou aigus. Cette première qualité du Son est sa hauteur ou son intonation.

14 Durée des Sons. — Elle dépend du temps plus ou moins long pendant lequel un même son est produit. Cette seconde qualité du son est la durée ou la mesure.

15 Intensité. — On émet les sons avec une intensité, une force qui varie suivant le sentiment à exprimer. — L'Intensité est la 3e qualité du son musical.

16 Timbre. — L'oreille distingue si c'est une voix humaine, un violon, &c qui produit les sons. Cette quatrième qualité du Son, c'est le timbre.

17 Expression. — L'expression est la qualité qui donne à l'exécution de la musique plus ou moins de charme ; l'expression s'obtient par les nuances d'intensité, d'accentuation, les modifications du timbre, &c.

18 ## Phonomimie.

(Par le professeur). L'Elève peut s'exercer seul à la Phonomimie en faisant les exercices qu'il jugera à propos parmi ceux d'intonation, de mesure, de lecture à vue, etc, avec accompagnement des signes phonomimiques par les deux mains isolément ou ensemble. Commencer toujours par les plus faciles.

Lecture à vue.

F. Ton Fa (d. 3). All.° (M. 120)

19 |1 1|1 2|3 3|3 4|5 5|5 6|4 4|4 5|3 3|3 5|4 3|2 4|3 2|3 4|5 5|1 0||

E. Ton Mi (d. 4) Mod.° (M. 90).

20 ||1 2 3 4|5 . 0 0|5 6 7 1|2 . 0 0|2 3 4 5|6 . 0 0|7 1 7 6|5 . 0 0|6 5 5 5
|4 . 0 0|5 4 5 4|3 . 0 0|1 2 3 4|5 . 0 0|5 5 6 7|1 . 0 0||

A^{re} Ton La^{re} (d. 6) (M. 120) — 1re fois / 2e fois

21 | 3 . 3 | 6 . 6 | 7 i 7 | 6 . . | 7 i 2̇ | i 7 6 | i . . | 7 . . :|| 6 . . ||

A. La (d. 1) — mi la E. Ton Mi (d. 4) — ré A. Ton La (d. 1)

22 | 5 4 | 5 6 | 6 5 | 6 7 | 7 6 | 5 6 | 6 5 | (36) . | 7 i | 2̇ 3̇ | i 5 | (52) . | i 7 | 6 7 | i . ||

D. Ton Ré (d. 5) M. 120

23

Duo

B♭. Ton Sol (d. 7) M. 120

24 | i . . . | . 7 6 5 | i . . . | . 7 6 5 | i . 2̇ . | 3̇ i 6 2̇ | i . 7 . | i . . . |
| 1 2 3 4 | 5 . 4 . | 3 2 3 4 | 5 . 4 . | 3 6 4 2 | 5 6 4 2 | 5 . 5 . | 1 2 3 4 |

| . 7 6 5 | i . . . | . 7 6 5 | 5̇ 3̇ 4̇ 2̇ | 3̇ i 2̇ 7 | 2̇ . i 0 ||
| 5 . 4 . | 3 2 3 4 | 5 . 4 . | 3 i 6 7 | i 3 4 5 | 5 . 1 0 ||

Vocalisation.

Exécuter le Solfège suivant en divers tons de ut à fa.

25 | 1 . . 2 | 3 . . 4 | 5 . . i | 5 . . 4 | 3 . . 2 | 1 . . 0 ||

La Nature à son réveil.

A. Ton La (d. i) Animé (M. 180)

26 | 0 0 5 5 | 3 5 i i | i 5 6 6 | 5 3 4 4 | 3 . 5 5 |
| 0 0 3 3 | 1 3 3 3 | 1 3 4 4 | 3 1 2 2 | 1 . 3 3 |

1er C. De la nuit quand le mystè re s'ef - fa - ce devant le jour Tout s'a-
2e C. Écou tez sous l'herbe tendre Les con - certs des humbles chœurs, Que l'a-
3e C. Des ruisseaux la voix s'é lè ve Jusqu'aux ci - mes des cô teaux, De la

| 3 5 i i | i 5 i 3 | 2̇ i 7 6 | 5 0 5 5 | 6 6 7 7 | i 5 i 3̇ |
| 1 3 3 3 | 3 3 3 5 | 5 6 5 4 | 5 0 5 3 | 4 4 2 2 | 3 3 i i |

ni - me sur la ter - re, Tout ré - pète un chant d'amour Une dou - ce et fraîche hale ne Prête aux
beil le fait en ten - dre En vo - lant autour des fleurs La fau - vette encore a - dresse Au bo-
mer avec la grè - ve L'on en - tend causer les flots Des tor - rents la voix profonde Sourde-

| 2̇ 3̇ 4̇ 3̇ | 2̇ 0 3̇ 2̇ | i 7 6 5 | i 7 i 2̇ | 5̇ 4̇ 3̇ 2̇ | i . 0 0 ||
| 7 i 2̇ i | 5 0 i 7 | 6 5 4 4 | 3 5 4 4 | 3 6 5 5 | i . 0 0 ||

arbres mille voix Qui murmurent dans la plaine Qui murmurent dans les bois.
cage un air jo - yeux L'alouet - te a - vec i - vres - se Lui ré - pond du haut des cieux.
ment au loin gémit L'a - va - lanche roule et gronde Sur les monts l'écho fré - mit.

Exercices de mémoire,

27 d'après les indications du professeur.

L'élève peut s'exercer seul de diverses manières à ce genre d'exercices ; ayant lu un exercice de solfège ou un chant quelconque, fermer le livre et répéter la musique en solfiant, soit en marquant avec le doigt les sons chantés sur les notes de la gamme préalablement écrite sur le cahier ou le tableau, soit enfin en faisant en même temps que la solmisation les signes phonomimiques correspondants avec une ou deux mains.

Exercices graphiques.

Transcrire en chiffres le solfège ci-après :

28

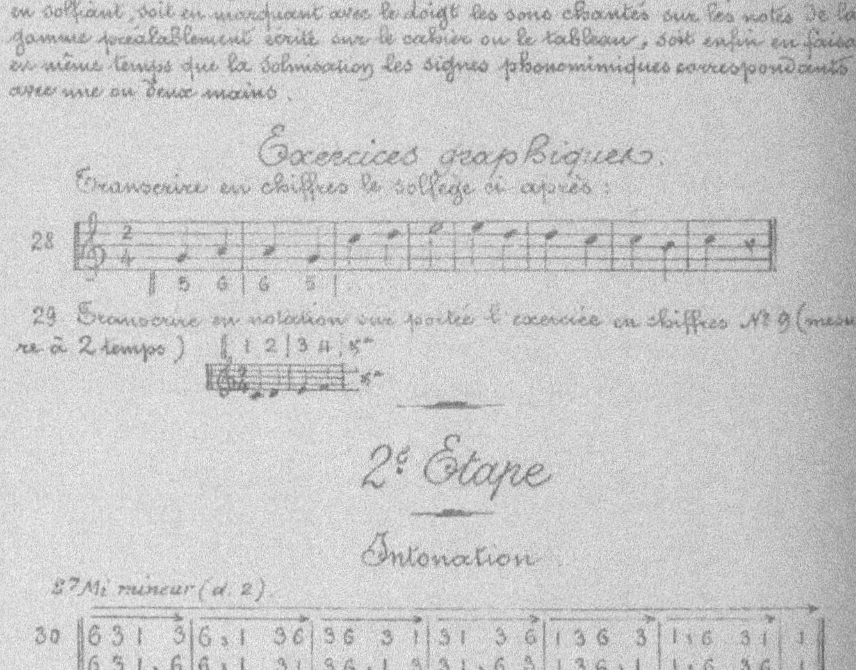

29 Transcrire en notation sur portée l'exercice en chiffres N° 9 (mesure à 2 temps) | 1 2 | 3 4 | 5 etc.

2e Étape

Intonation

E. Mi mineur (d. 2)

30

6 3 1 3	6 1 3 6	3 6 3 1	3 1 3 6	1 3 6 3	1 6 3 1	1
6 3 1 6	6 1 3 1	3 6 1 3	3 1 6 3	1 3 6 1	1 6 3 6	1
6 3 6 1	6 1 6 3	3 6 1 6	3 1 6 1	1 3 1 6	1 6 1 3	1

C. Ut mineur (d. 4)

31

6 7 1 7 1 2 1 2 3 2 3 4 4 3 2 3 2 1 2 1 7 1 7 6 7 6 5 6 5 6 6

6 1 7 7 2 1 1 3 2 2 4 3 4 2 3 3 1 2 2 7 1 1 6 7 7 5 6 6 5 6 6

F. fa (d. 3)

32

5 3 1 5	5 4 2 5	5 3 1 5	5 4 7 5 1	5 1
5 3 1 3	5 4 2 4	5 3 1 3	5 4 7 4 1	5 1
5 3 5 1	5 4 5 2	5 3 5 1	5 4 5 7 1	5 1

F. fa (d. 3)

33

5 1 3 5	5 2 4 5	5 1 3 5	5 7 4 5	5 1
5 1 3 1	5 2 4 2	5 1 3 1	5 7 4 7	5 1
5 1 5 3	5 2 5 4	5 1 5 3	5 7 5 4	5 1

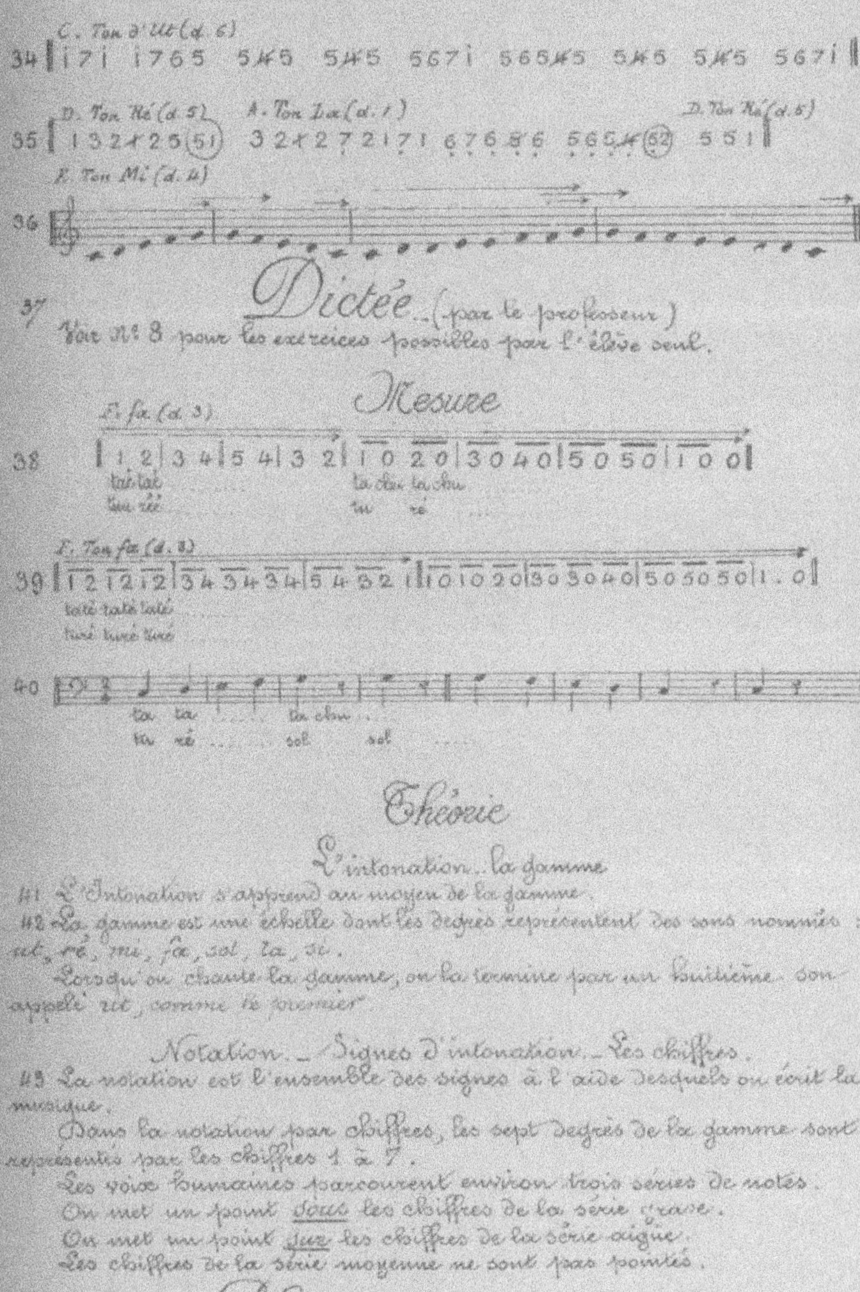

37 **Dictée** (par le professeur)

Voir N° 8 pour les exercices possibles par l'élève seul.

Mesure

Théorie

L'intonation _ la gamme

41 L'Intonation s'apprend au moyen de la gamme.

42 La gamme est une échelle dont les degrés représentent des sons nommés : ut, ré, mi, fa, sol, la, si.

Lorsqu'on chante la gamme, on la termine par un huitième son appelé ut, comme le premier.

Notation _ Signes d'intonation _ Les chiffres.

43 La notation est l'ensemble des signes à l'aide desquels on écrit la musique.

Dans la notation par chiffres, les sept degrés de la gamme sont représentés par les chiffres 1 à 7.

Les voix humaines parcourent environ trois séries de notes.

On met un point sous les chiffres de la série grave.

On met un point sur les chiffres de la série aiguë.

Les chiffres de la série moyenne ne sont pas pointés.

44 **Phonomimie** (par le professeur)

Voir N° 18 pour les exercices possibles pour l'élève seul).

Lecture à vue

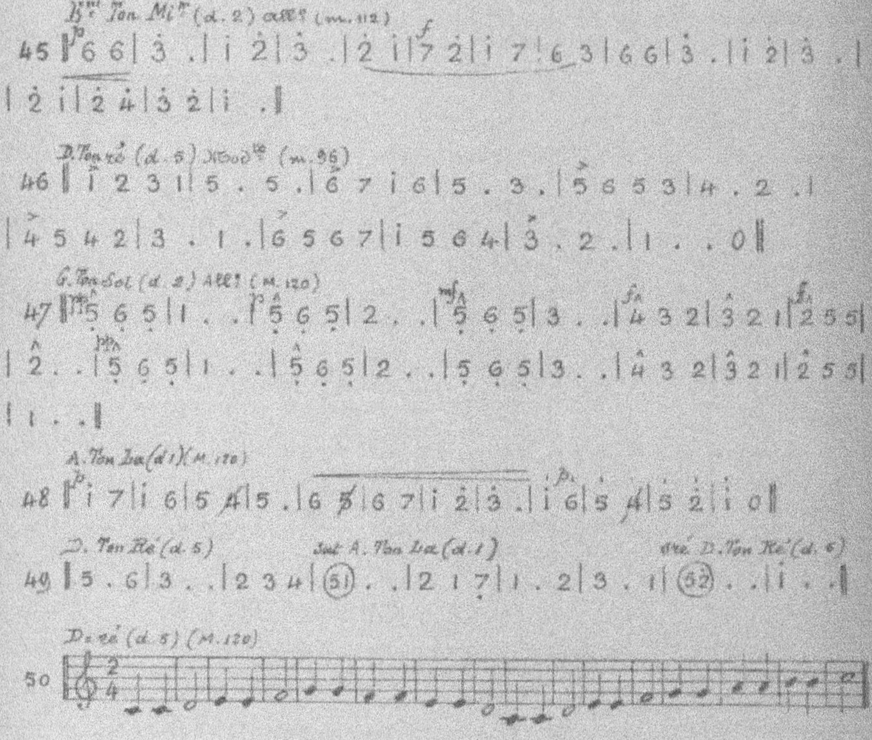

Bᵐᵒˡ Ton Mi♭ (d. 2) Allᵒ (m. 112)

45 | 6 6 | 3̇ . | i 2̇ | 3̇ . | 2̇ i | 7 2̇ | i 7 | 6 3 | 6 6 | 3̇ . | i 2̇ | 3̇ . |
| 2̇ i | 2̇ 4̇ | 3̇ 2̇ | i . ||

D. Ton ré (d. 5) Modᵗᵒ (m. 96)

46 || i 2 3 1 | 5 . 5 . | 6 7 i 6 | 5 . 3 . | 5 6 5 3 | 4 . 2 . |
| 4 5 4 2 | 3 . 1 . | 6 5 6 7 | i 5 6 4 | 3 . 2 . | 1 . . 0 ||

G. Ton Sol (d. 2) Allᵒ (M. 120)

47 || mf 5 6 5 | 1 . . | 5 6 5 | 2 . . | mf 5 6 5 | 3 . . | f 4 3 2 | 3 2 1 | f 2 5 5 |
| 2 . . | mf 5 6 5 | 1 . . | 5 6 5 | 2 . . | 5 6 5 | 3 . . | 4 3 2 | 3 2 1 | 2 5 5 |
| 1 . . ||

A. Ton La (d. 1) (M. 120)

48 || i 7 | i 6 | 5 ♯4 | 5 . | 6 ♯5 | 6 7 | i 2̇ | 3̇ . | i 6 | 5 ♯4 | 5 2̇ | i 0 ||

D. Ton Ré (d. 5) — Sol A. Ton La (d. 1) — Ré D. Ton Ré (d. 5)

49 | 5 . 6 | 3 . . | 2 3 4 | (51) . . | 2 1 7 | 1 . 2 | 3 . 1 | (52) . . | 1 . . ||

D. ré (d. 5) (M. 120)

50 [portée en clé de sol, 2/4]

Duo

A. Ton La (d. 1) Renversement E. Ton Mi (d. 4)

51
| 0 5̇ 5̇ | 5̇ i i | i . . | . 2̇ i | 7 4̇ 4̇ | 4̇ . . | . 5̇ 4̇ | 3̇ 6̇ 6̇ | 6̇ . . | . 5̇ 3̇ |
| 0 0 0 | 3 . . | . 4 5 | 6 . 6 | 5 . . | . 7 i | 2̇ . 2̇ | i . . | . 2̇ i | 7 . i |

| 5̇ 4̇ 2̇ | 4̇ 3̇ i | 3̇ 2̇ 7 | 5 i i | i . . | . 2̇ i | 7 4̇ 4̇ | 4̇ . . | . 5̇ 4̇ | 3̇ 5̇ i | 3̇ 6̇ i |
| 6 . 7 | 5 . 6 | 4 . 5 | 3 . . | . 4 5 | 6 . 6 | 5 . . | . 7 i | 2̇ . 2̇ | i 7 6 | 5 4 3 |

| 4̇ . 7 | 2̇ . . | i . . ||
| 2 . 5 | 4 . . | 3 . . ||

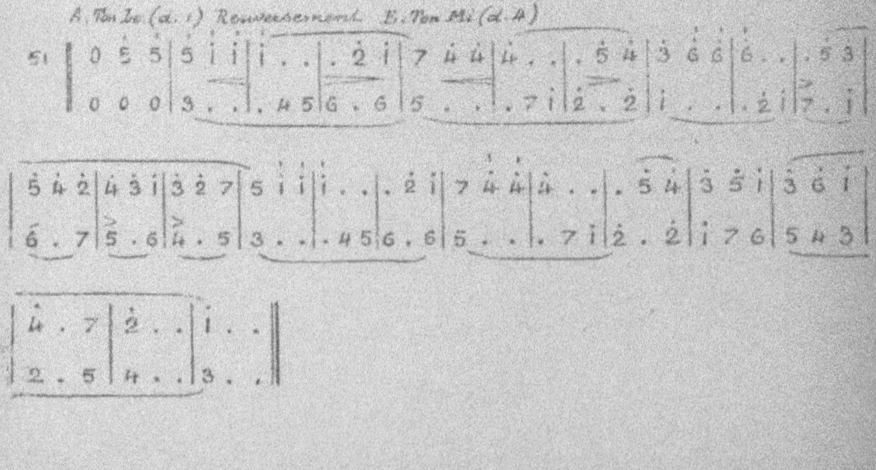

Vocalisation

52 _ Exécuter l'exercice suivant en divers tons de ut à sol.

‖5 . . 6|6 . . 5|5 . . 4|3 . . 2|1 . . 0‖

Le Soir

53	1 . 1	3 . 3	2 1 2	1 . 0	3 . 3	5 . 5	4 3 4	3 . 0
	1 . 1	1 . 1	7 6 7	1 . 0	1 . 1	3 . 3	2 1 2	1 . 0

1° Le so-leil si beau si brillant Ne luit plus dans le firmament;
2° C'est l'instant où le travailleur Sent chez lui trouver le bonheur;
3° Du labeur bienfaisant repos, Doux moment des tendres propos:

2 . 2	4 . 4	2 3 4	5 . .	4 . 2	1 . 1	2 3 2	1 . 0
7 . 7	2 . 2	7 1 2	3 . .	2 . 7	1 . 1	7 6 7	1 . 0

Len-te-ment Tout re-devient noir Nous voi-ci parvenus au soir.
De se voir au milieu des siens N'est-ce pas le plus doux des biens?
Du passé, c'est le souvenir; C'est l'es-poir d'heureux avenir.

54 # Exercices de mémoire.

(D'après les indications du professeur)

Voir N° 18 pour les exercices possibles par l'élève seul.

Exercices graphiques

55 Transcrire en chiffres

56 Transcrire sur portée l'exercice N° 45 ci-dessus

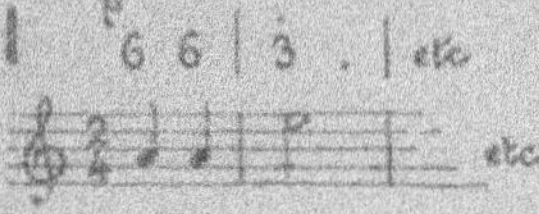

3e Étape

Intonation

E^m Ton Mi^m (d. 2)

57 | 1 3 1 6 | . 2 . 4 . 2 . 6 | 1 3 1 6 | . 2 . 4 . 2 . 7 . | 1 3 1 6 | 1 |
| 1 3 6 . 1 | . 2 . 4 . 6 . 2 . | 1 3 6 1 | . 2 . 4 . 7 . 2 . | 1 3 6 1 | 1 |
| 1 3 6 3 | . 2 . 4 . 6 . 4 . | 1 3 6 3 | . 2 . 4 . 7 . 4 . | 1 3 6 3 | 1 |

A. Ton La (d. 1)

58 | 1 3 1 5 | : 2 : 4 : 2 5 | 1 3 1 5 | : 7 : 4 : 7 5 | 1 |
| 1 3 : 5 1 | : 2 : 4 : 5 : 2 : | 1 3 5 1 | : 7 : 4 : 5 : 7 : | 1 |
| 1 3 : 5 : 3 | : 2 : 4 : 5 : 4 : | 1 3 : 5 . 3 | : 7 : 4 : 5 : 4 : | 1 |

A. Ton La (d. 1)

59 | 1 5 1 3 | : 2 : 5 : 2 : 4 : | 1 5 1 3 | : 7 : 5 : 7 : 4 : | 1 |
| 1 5 : 3 1 | : 2 : 5 : 4 : 2 : | 1 5 : 3 1 | : 7 : 5 : 4 : 7 : | 1 |
| 1 5 : 3 : 5 | : 2 : 5 : 4 : 5 | 1 5 : 3 : 5 | : 7 : 5 : 4 : 5 | 1 |

C. Ton Ut (d. 6)

60 | 1 2 3 1 . 2 3 4 . 2 3 4 5 3 4 5 6 . 4 5 6 7 . 5 6 7 1 . 6 7 1 2 . 7 | 1 |
| 1 2 1 3 . 2 3 2 . 4 3 4 3 5 4 5 4 . 6 5 6 7 . 5 6 7 6 . 1 7 1 7 . 2 . | 1 |

E. Ton Mi (d. 4)

61 | 1 7 1 5 4 5 6 5 6 5 4 5 4 5 4 5 6 5 6 5 6 5 6 5 4 5 4 5 4 5 1 |

C. Ton Ut (d. 6) — ut — G. Ton Sol (d. 2) — ré — C. Ton Ut (d. 6)

62 | 1 7 6 5 6 7 (51) 2 3 4 5 6 6 5 5 1 5 4 (52) 3 1 2 7 1 6 7 5 2 1 |

E. Ton Mi (d. 4)

63 

64

Dictée (pour le professeur)

(Voir N° 8 pour les exercices possibles par l'élève seul.)

Mesure

F. Ton Fa (d. 3)

65 | 1 2 | 3 . | 3 4 | 5 . | 5 0 4 0 | 3 0 | 3 0 2 0 | 1 0 |

F. Ton fa (d. 3)

66 | 1 2 3 4 | 5 4 3 2 | 1 . 0 || 1 0 2 0 3 4 | 5 0 4 0 3 2 | 1 0 0 0 ||

E. Ton mi (d. 4)

67

Théorie

68 Notation. – Signes d'intonation. – La portée.

La portée est formée par cinq lignes parallèles séparées par quatre blancs ou interlignes

69 Les lignes et les interlignes se comptent de bas en haut. – Les notes sont des points que l'on met sur les lignes et dans les interlignes

69^A^ Pour trouver le nom des notes sur la portée, on se sert de clés

70 La clé fa, pour les voix graves, se place sur la 4e ligne:

fa

71 La clé sol, pour les voix aigues, se place sur la 2e ligne:

71^A^ La clé donnant son nom à la ligne sur laquelle elle est placée, on part de cette ligne pour trouver le nom des autres notes.

71^B^ Les lignes supplémentaires sont de petites lignes qu'on ajoute pour placer les notes qui dépassent la portée soit au grave soit à l'aigu

72 Phonomimie (par le professeur)

Voir N° 18 pour les exercices possibles par l'élève seul.

Lectures à vue

G. Ton Sol (d. 2) M. 120

73 || 6 6 | 6 5 | 6 7 | i 6 | 7 i | 2 7 | 6 7 | i 6 | i i | i 7 | i 2 | 3 i | 2 3 | 4 2 | i 7 |
i . | 5 5 | 5 4 | 3 4 | 4 2 | 4 4 | 4 3 | 2 3 | 3 i | 3 3 | 3 2 | 3 4 | 5 . | 4 3 | 2 5 | 6 7 | i . ||

G. Ton Sol (d. 2) 1re (M. 144)

74 ‖: 3 3 0 | 5 5 0 | 2 2 0 | 4 4 0 | 1 1 0 | 3 3 0 | 2 2 0 | 5 5 0 | 1 1 0 ‖

F. Ton Fa (d. 3) 4re (M. 90)

75 ‖ 5 . . | 6 5 4 | 3 . . | 4 3 2 | 1 . . | 2 1 2 | 3 . . | 3 2 1 | 5 . . | 6 5 4 |
| 3 . . | 4 3 2 | 1 . . | 2 1 2 | 3 . . | 5 4 2 | 1 . . ‖ 2 . . | 3 2 1 | 2 . . | 3 2 1 |
| 2 . . | 1 7 6 | 7 . . | 5 . . | 2 . . | 3 2 1 | 2 . . | 3 2 1 | 2 . . | 1 7 6 | 5 . . | . . 0 ‖

A. Ton La (d. 1)

76 ‖ 5 4 5 | 1 . 7 | 6 5 6 | 2 . . | 7 1 6 | 5 0 0 | 5 5 4 | 5 . 1 | 7 6 5 | 6 . 2 | 2 1 7 | 1 . 0 ‖

C. Ton Ut (d. 6) G. Ton Sol (d. 2) C. Ton Ut (d. 6)

77 ‖ 5 . 1 | 7 6 7 | 1 . 3 | (5 1) . . | 7 6 7 | 1 . 2 | 3 . 1 | (5 2) . . | 1 1 7 | 1 2 3 | 2 . . | 1 . . ‖

C. Ton Ut (d. 6)

78

Duo

D. Ton Ré (d. 7) (M. 120)

79

1 . . .	7 1 2 7	1 . . .	2 3 4 2	1 . . .	2 1 2 7	1 . . .	3 2 1 3
0 0 0 0	4 . . .	3 4 5 3	4 . . .	3 4 5 3	4 . . .	3 4 5 3	5 . . .

2 . . .	1 2 1 6	7 . . .	6 7 1 6	5 . . .	7 6 7 1	2 . . .	4 3 4 2	3 . . .
4 5 6 4	6 . . .	5 4 3 2	1 . . .	7 1 2 7	2 . . .	4 5 6 4	6 . . .	5 4 5 1

1 3 5 3	2 . . .	3 2 1 7	6 . . .	4 3 4 2	1 . . .	7 1 2 7	1 . . 0
3 . . .	4 3 4 2	5 . . .	4 3 4 2	6 . . .	6 5 6 4	5 . . .	1 . . 0

Vocalisation

80 Exécuter l'exercice suivant en A. la (d. 1) et autres tons jusqu'à D. ré (d. 5)

‖ 1 3 5 1 | 3 . . 1 | 5 . 3 . | 1 . 0 0 ‖

Le Devoir

Ton ré (d. 5) (M. 110)

81 | 3 2 3 4 | 5 . . 3 | i 7 i 6 | 5 . . 0 | 3 2 3 4 | 5 . . 3 |
Se voir heureux c'est de tous le dé-sir... Mais pour ce-la Sa
| 1 7 1 2 | 3 . . 1 | 3 2 3 4 | 3 . . 0 | 1 7 1 2 | 3 . . 1 |

cresc... mf.
| 6 5 4 3 | 3 . 2 0 | 5 . 5 5 | 6 . . 6 | 7 7 5 5 | i . 5 0 |
chez le vrai sys-tè...me : C'est mé-ri-ter l'es-time de soi-mê-me ;
| 4 3 2 1 | 1 . 7 0 | 5 . 5 5 | 4 . . 4 | 4 4 5 5 | 3 . 3 0 |

f.
| i . 7 i | 6 . 7 i | 2 2 3 2 | i . . 0 ||
Le devoir fait aug-mente le plai-sir
| 3 . 2 3 | 4 . 2 3 | 4 4 5 4 | 3 . . 0 ||

Exercices de mémoire

82 (d'après les indications du maître)

Exercices graphiques

83 Transcrire en chiffres l'exercice suivant :

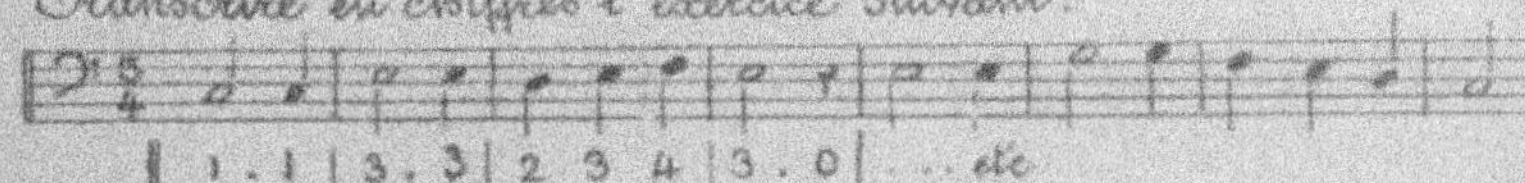

|| 1 . 1 | 3 . 3 | 2 3 4 | 3 . 0 | ... etc

84 Mettre sur portée l'exercice 84 en chiffres

|| 6 6 | 6 5 | 6 7 | ... etc

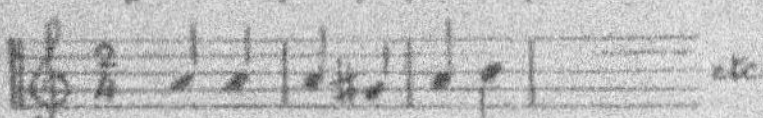

4e Étape

Intonation

Ton Mi min. (d. 2)

85 | 1 6 1 3 | , 2 , 6 , 2 , 4 , | 1 6 1 3 | , 2 , 7 , 2 , 4 , | 1 6 |
| 1 6 , 3 1 | , 2 , 6 , 4 , 2 , | 1 6 , 3 1 | , 2 7 , 4 , 2 , | 1 6 |
| 1 6 . 3 , 6 | , 2 , 6 , 4 , 6 , | 1 6 , 3 , 6 | , 2 , 7 , 4 , 7 , | 1 6 ||

86 E^me Ton Mi ^m (d. 2)

654 543 432 321 217 176 666 6

645 534 423 312 271 167 666 6

87 G. Ton Sol (d. 2)

5 1 3 1 | 5 : 2 : 4 : 2 1 | 5 1 3 1 | 5 : 7 : 4 : 7 : | 5 1

5 1 3 : 5 | 5 : 2 : 4 : 5 | 5 1 3 : 5 | 5 : 7 : 4 : 5 | 5 1

5 1 5 : 3 | 5 : 2 : 5 : 4 : | 5 1 5 : 3 | 5 : 7 : 5 : 4 : | 5 1

88 G. Ton Sol (d. 2)

5 : 3 1 5 | 5 : 4 : 2 5 | 5 : 3 1 5 | 5 : 4 : 7 : 5 | 5 1

5 : 3 1 3 | 5 : 4 : 2 : 4 : | 5 : 3 1 3 | 5 : 4 : 7 : 4 : | 5 1

5 : 3 : 5 1 | 5 : 4 : 5 : 2 : | 5 : 3 : 5 1 | 5 : 4 : 5 : 7 : | 5 1

89 E. Ton Mi (d. 4)

171 2✕2 2✕2 171 232✕2 2✕2 17123 2✕231

90 C. Ton Ut (d. 6) sol G. Ton Sol (d. 2) mi C. Ton Ut (d. 6)

17656 765✕ (51) 234565 645 (37) 1675 671

91 E. Ton Mi (d. 4)

Dictée (par le professeur)

92 Voir n° 8 pour les exercices possibles par l'élève seul.

Mesure

93 F. Ton Fa (d. 3)

1 2 2 | 3 3 4 | 5 5 5 | 1 . | 1 0 2 2 | 3 0 3 4 | 5 0 5 5 | 1 0

94 F. Ton Fa (d. 3)

1 2 3 4 | 5 5 4 3 | 3 3 2 1 | 1 0 2 3 4 0 | 5 0 5 4 3 0 | 3 0 3 2 1 0

95 E. Ton Mi (d. 4)

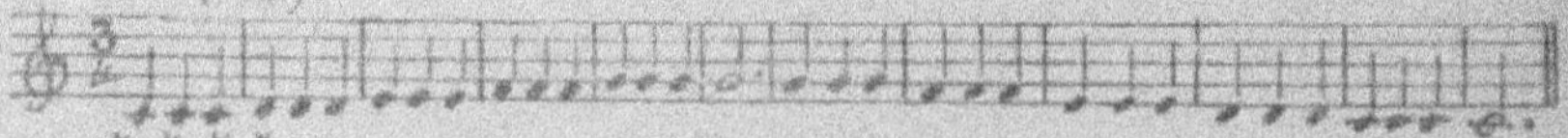

ta ta ta ta ....   ta-a-a ......

tu tu tu re ....   so-o-l ......

Théorie

Les Intervalles. Définition. Formation. Noms.

96 On nomme Intervalle la sensation perçue par l'oreille lorsque deux sons de hauteur différents sont produits.

97 Pour former des intervalles, il suffit de chanter deux sons différents.

98. – Le nom d'un intervalle est exprimé par le nombre de notes comptées en suivant l'ordre de la gamme, à partir de la note grave jusque et y compris la note aiguë de cet intervalle.

99. – Les intervalles se comptent en montant, c'est à dire en commençant par la note grave.

100. – Les intervalles renfermés dans la gamme sont la seconde, la tierce, la quarte, la quinte, la sixte, la septième et l'octave.

101. – On forme des intervalles en prenant pour note grave une note quelconque de la gamme.

102 Phonomimie. (par le professeur)

Voir N° 18 pour les exercices possibles par l'élève seul.

Lecture à vue

F. Ton Fa (d. 3) All° (M. 100)

103 ‖ 5 1 2 | 3 . . | 4 3 2 | 1 . . | 2 3 4 | 5 . . | 6 5 4 | 5 . . | 5 1 2 | 3 . . |
| 4 3 2 | 1 . . | 2 3 4 | 5 . . | 5 6 7 | 1 . . | 3 2 3 | 4 . . | 6 5 4 | 3 . . |
| 5 4 3 | 2 . . | 4 3 2 | 5 . . | 3 2 3 | 4 . . | 6 5 4 | 3 . . | 5 4 3 | 2 . . |
| 4 3 2 | 1 . . ‖

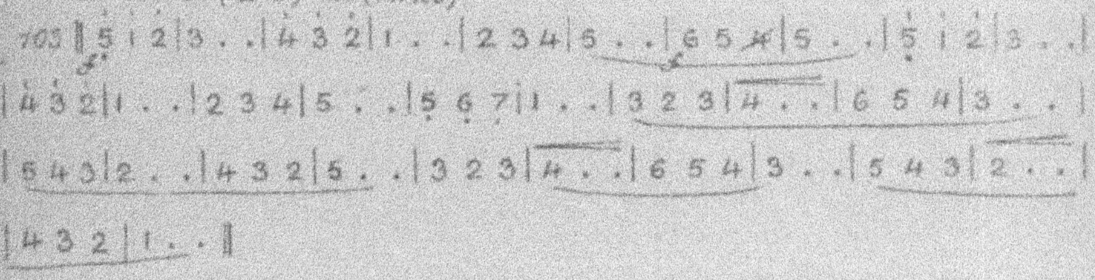

F. Ton fa (d. 3) M. 100

104 ‖ 1 2 3 | 1 1 | 7 1 2 | 5 5 | 2 3 4 | 2 2 | 1 2 3 | 1 1 | 3 4 5 | 3 3 | 2 3 4 |
| 2 2 | 4 5 6 | 4 4 | 5 4 5 | 3 3 | 2 3 4 | 2 2 | 1 2 3 | 1 1 | 7 1 2 | 5 5 | 1 . ‖

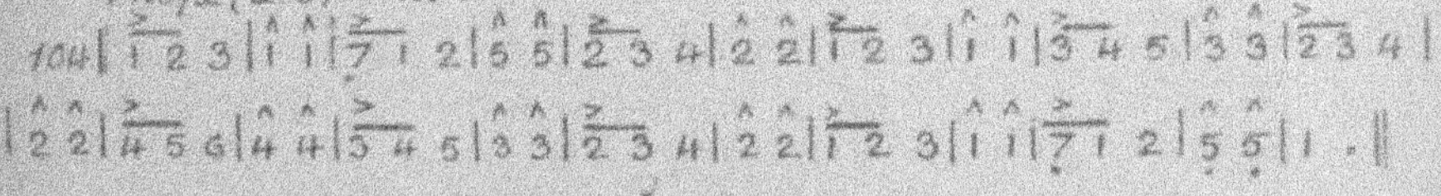

Tons de Sol, ut, ré, mi, fa. Vitesses diverses

105 ‖ 1 3 2 4 | 3 2 1 . | 2 4 3 5 | 4 3 2 . | 3 5 4 6 | 5 4 3 . | 4 6 5 7 | 6 5 4 . | 5 7 6 1 |
| 7 6 5 . | 4 6 5 7 | 6 5 4 . | 3 5 4 6 | 5 4 3 . | 2 4 3 5 | 4 3 2 . | 1 3 2 4 | 3 2 1 . ‖

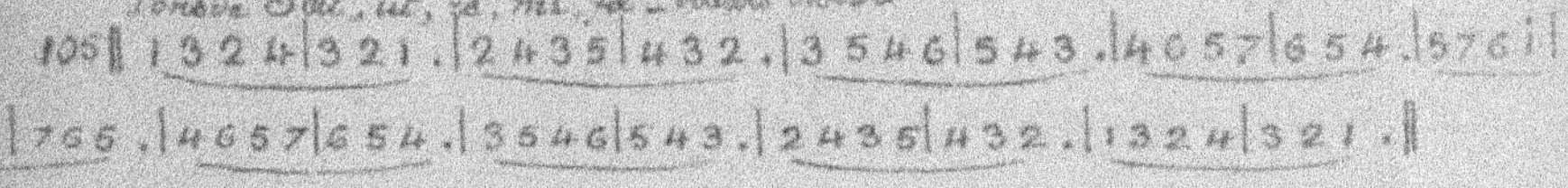

C. Ton ut (d. 6)

106 ‖ 1 7 1 2 | 3 2 1 2 | 3 4 5 4 | 5 0 | 1 7 6 5 | 6 5 4 5 | 3 2 1 2 | 2 1 ‖

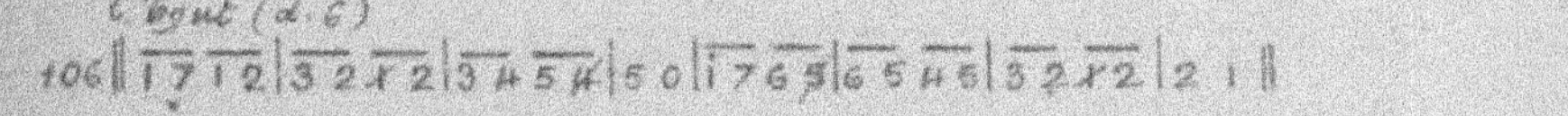

D. Ton ré (d. 8) sol A. Ton la (d. 1) sol D. Ton ré (d. 5)

107 ‖ 1 3 2 1 | 2 6 5 4 | (51) . . 2 | 3 1 2 7 | (15) 6 5 4 | 3 2 1 . ‖

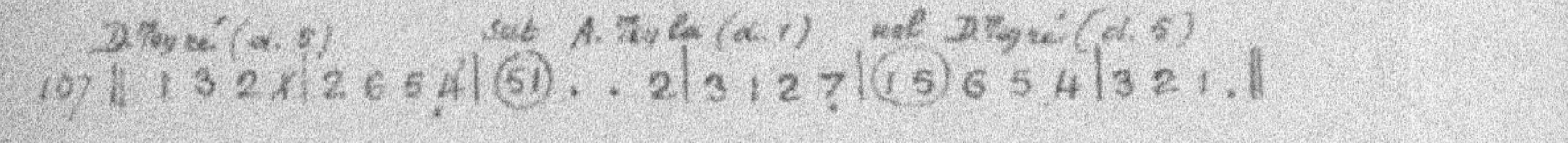

C Ton Ut (d. 6) (M. 120)

108 

Duo

G Ton Sol (d. 2) M. 120 B♭ Ton Sen (d. 5)

109
| p 5 . 5 . | 5 . 4 3 | 2 . 3 2 | 1 . 5 . | mf 1 7 1 2 | 3 . 5 4 | 3 . 2 1 |
| 3 4 . 3 | 3 2 . 1 | 1 7 1 5 | 3 4 5 . | 6 5 6 7 | 1 . 3 2 | 2 1 7 1 |

| 2 . . 0 | p 5 . 5 . | 5 . 4 3 | 6 . 6 . | 5 . . . | 6 5 4 3 | ff 4 2 3 4 |
| 1 . 7 0 | 3 4 . 3 | 3 2 . 1 | 1 7 2 4 | 4 . 3 . | 1 7 6 5 | 6 7 1 2 |

| 5 . 5 . | 1 . . 0 |
| 3 1 . 7 | 1 . . 0 |

Vocalisation

110 Exécuter l'exercice suivant en tous les tons de B^m Ton Si^m (d 5) à B^m Ton Mi^m (d 2)

‖ 6 . . 1 | 3 . . 6 | 3 . . 1 | 6 . . 0 ‖

Le Roitelet

111 Extrait de "L'alouette" recueil de chant en musique chiffrée, par G. Bols et Fr. Willems (Van os de Wolf, St Pierre et St Paul, 2, Anvers. Belgique).

G: Ton Sol (d. 2) M. 144. Vif et gracieux

| 0 0 3 | 5 3 1 | 2 0 3 | 5 3 1 | 2 0 3 | 4 2 5 | 3 1 3 |
| 0 0 1 | 3 1 6 | 5 0 1 | 3 1 6 | 5 0 1 | 2 7 7 | 1 1 1 |

1^r Coupt: Gen til roi te let Charmant oise let Ton humble plumage Ton
2e Coupt: Ton œil pétil lant Ton air semil lant Ton jeu si vo la ge Au

| 4 2 5 | 3 1 2 | 3 3 4 | 5 0 3 | 5 4 2 | 1 0 0 |
| 2 7 7 | 1 1 7 | 1 0 2 | 3 0 1 | 7 6 5 | 1 0 0 |

faible ramu ge Tout plait, Tout plait, En toi, roite let.
fond du bo ca ge Tout rend, Tout rend, Ton ê tre charmant.

112 Exercices de mémoire

(d'après les indications du maître. Voir n° 27 comment l'élève peut s'exercer seul)

Exercices graphiques

113 Transcrire en chiffres l'exercice suivant sur portée :

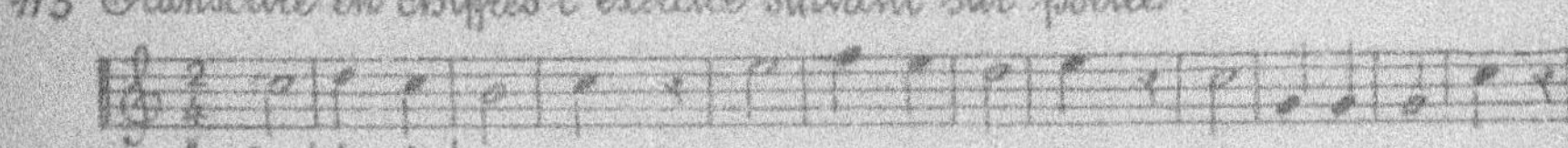

| 1 . | 2 1 |

114 Mettre sur portée en clé de Fa l'exercice en chiffres n° 104

| 1 2 3 | 1 1 | etc

etc

5e Étape

Intonation

E. Ton Mi mineur (d. 2)

115
3 . 6 1 3	4 6 . 2 4	3 . 6 1 3	4 . 7 . 2 4	3 6
3 . 6 1 6	4 6 . 2 . 6	3 . 6 1 6	4 . 7 . 2 . 7 .	3 6
3 . 6 . 3 1	4 6 4 2	3 . 6 . 3 1	4 . 7 . 4 2 .	3 6

C. Ton Ut (d. 6)

116
5 3 5 1	5 4 5 : 7 :	5 3 5 1	5 4 5 . 2 :	5 1
5 3 1 5	5 4 7 : 5	5 3 1 5	5 4 2 : 5	5 1
5 3 1 3	5 4 7 : 4	5 3 1 3	5 4 2 : 4	5 1

C. Ton Ut (d. 6)

117
5 1 3 5	5 : 7 : 4 5	5 1 3 5	5 : 2 : 4 5	5 1
5 1 3 1	5 : 7 : 4 : 7 :	5 1 3 1	5 : 2 : 4 : 2 :	5 1
5 1 5 3	5 : 7 : 5 4	5 1 5 3	5 : 2 : 5 4	5 1

C. Ton Ut (d. 6)

118 1 3 2 1   2 4 3 2   3 5 4 3   4 6 5 4   5 : 7 6 5   6 1 7 6   7 : 2 : 7   1

1 3 1 2   2 4 2 3   3 5 3 4   4 6 4 5   5 : 7 : 5 6   6 1 6 7   7 : 2 : 7 1   1

E. Ton Mi (d. 4)

119 | 1 7 1   5 #4 5   2 #1 2   1 7 1   5 #4 5 #4 5   2 #1 2 #1 2   1 7 1 7 1 |

C. Ton Ut (d. 6) — G. Ton Sol (d. 2) — C. Ton Ut (d. 6)

120 | 5 6 5 #4 5 1   6 7 6 #5 6 (2 5)   5 4 3 2 #1 2   3 2 1 7 (1 4)   3 2 #1 2 5 1 |

C. Ton Ut (d. 6)

121

122 # Dictée _(par le professeur).

Voir n° 8 pour les exercices possibles par l'élève seul.

Mesure

F. Ton Fa (d. 3)

123 ‖ 1 2 3 | 3 4 5 ‖ 5 4 3 | 3 2 1 ‖ 1 2 3 0 | 3 4 5 0 | 5 4 3 0 | 3 2 1 0 ‖

F. Ton Fa (d. 3)

124 ‖ 1 2 ·3 4 | 5 4 3 2 | 1 . 0 ‖ 1 2 3 0 4 0 | 5 4 3 0 2 0 | 1 0 0 0 ‖

F. Ton Fa (d. 3)

125

Théorie.

Inégalité des Secondes. Conséquences.

126 . _ Les Secondes se divisent en deux espèces : Secondes Majeures, Secondes mineures.

127 . _ Il y a cinq Secondes Majeures : ut ré, ré mi, fa sol, sol la, la si.

128 . _ Il y a deux Secondes mineures : mi fa et si ut.

129 . _ L'inégalité des Secondes a pour conséquence l'inégalité des tierces, des quartes, des quintes, etc., que l'on peut considérer comme formées de secondes superposées.

Les tierces.

130 . _ La tierce contient deux secondes.

131 . _ Il y a trois tierces Majeures : fa la, ut mi, sol si ; chacune contient deux secondes Majeures.

132 . _ Il y a quatre tierces mineures : ré fa, la ut, mi sol, si ré ; chacune contient une seconde Majeure et une seconde mineure.

Phonomimie

133 (par le professeur. Voir n° 18 pour les exercices possibles par l'élève seul.)

Lecture à vue.

F. Ton Fa (d. 3) Allᵗᵒ (M. 100)

134 ‖ 6 5 3 3 | 6 3 3 3 | 4 2 3 1 | 2 7 1 6 | 6 3 3 3 | 6 3 3 3 | 4 2 3 1 | 2 7 1 |
| 1 5 5 5 | 1 5 5 5 | 6 4 5 3 | 4 2 3 1 | 1 5 5 5 | 1 5 5 5 | 6 4 5 3 | 4 2 1 ‖

G. Ton Sol (d. 2) Allᵗᵒ (M. 144)

135 ‖: 5 5 . | 3 3 . | 4 4 . | 2 2 . | 5 1 . | 5 2 . | 5 3 . | 4 2 . :‖ 2 1 . ‖ (1ʳᵉ fois / 2ᵉ fois)

F. Ton Fa (d. 3) Allᵗᵒ (M. 100)

136 ‖: 5 5 5 | 3 3 3 | 4 4 4 | 2 2 2 | 3 3 3 | 1 1 1 | 2 2 2 | 5 . . :‖ 1 . . ‖ 2 2 2 | (1ʳᵉ fois / 2ᵉ fois)
| 5 5 5 | 2 2 2 | 7 . . | 2 2 2 | 5 5 5 | 6 5 4 | 5 . . ‖

C. Ton Ut (d. 6) — fa ré G. Ton Sol (d. 2) — ut sol C. Ton Ut (d. 6)

137 ‖ 1 7 6 | 5 6 | 5 4 | 5 . | (6 2) 3 | 2 1 2 | 1 2 | 1 7 (1 5) | 4 3 | 2 5 4 5 | 1 . ‖

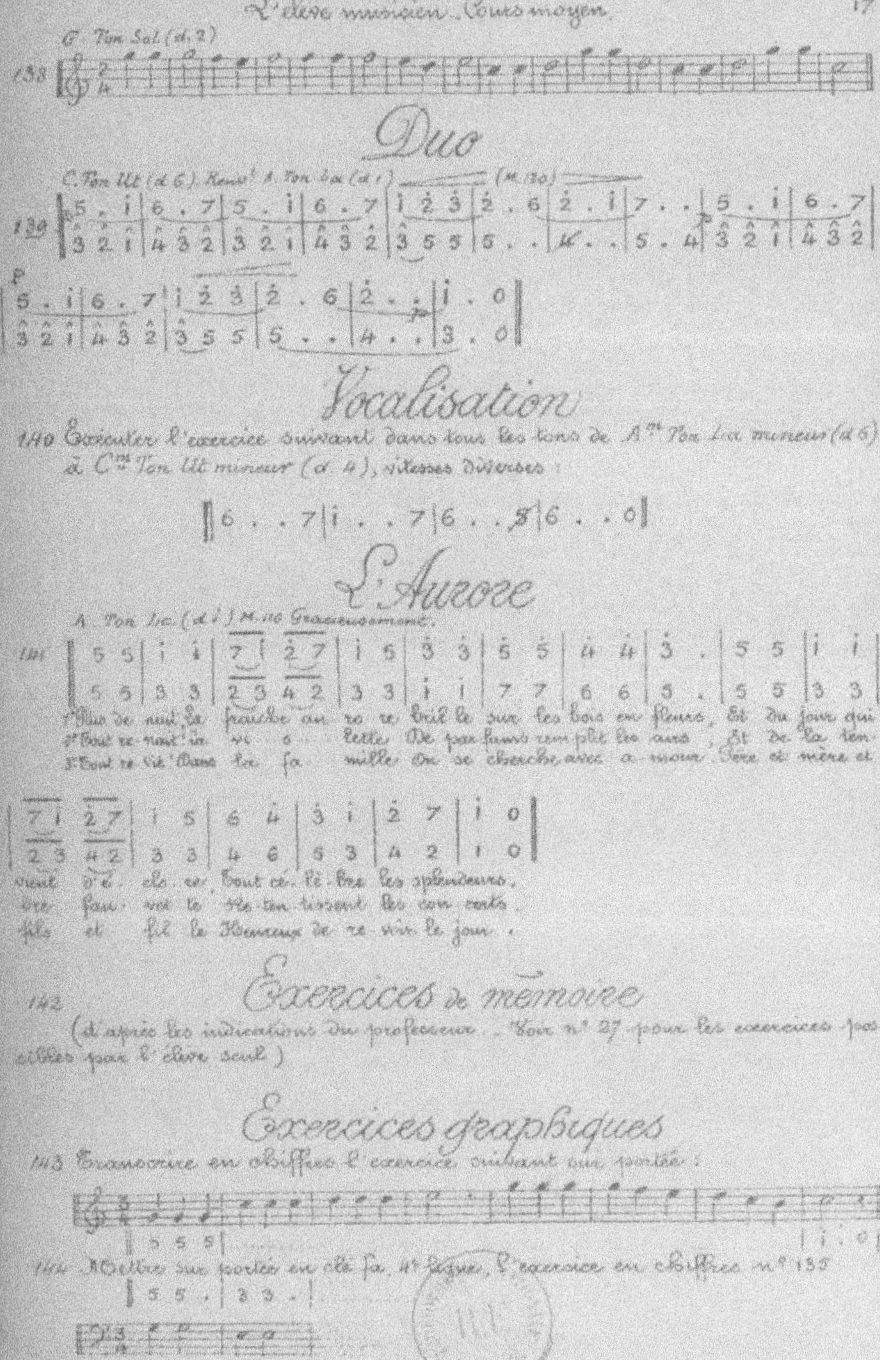
G. Ton Sol (d. 2)
138
Duo
139
Vocalisation
140 Exécuter l'exercice suivant dans tous les tons de A^{re} Ton La mineur (d 6) à C^{re} Ton Ut mineur (d 4), vitesses diverses :
L'Aurore
A. Ton La (d 1) M. 110 Gracieusement.
141
1. Plus de nuit, la fraîche aurore brille sur les bois en fleurs, Et du jour qui vient d'éclore, Tout célèbre les splendeurs.
2. Tout renaît, la violette De parfums remplit les airs, Et de la tendre fauvette Retentissent les concerts.
3. Tout revit dans la famille On se cherche avec amour. Père et mère et fils et fille Heureux de revoir le jour.
Exercices de mémoire
142
(d'après les indications du professeur. Voir n° 27 pour les exercices possibles par l'élève seul)
Exercices graphiques
143 Transcrire en chiffres l'exercice suivant sur portée :
144 Mettre sur portée en clé fa. 4e ligne, l'exercice en chiffres n° 135

6e Étape.

Intonation

E^m Ton Mi mineur (d. 2)

145 6 1 3 1 | 6 . 2 . 4 . 2 . | 6 1 3 1 | . 7 . 2 . 4 . 2 . | 6
6 1 3 . 6 | 6 . 2 . 4 . 6 | 6 1 3 . 6 | . 7 . 2 . 4 . . 7 . | 6
6 1 6 . 3 | 6 . 2 . 6 . 4 . | 6 1 6 . 3 | . 7 . 2 . 7 . . 4 . | 6

C^m Ton Ut mineur (d. 4)

146 6712 7123 1234 4321 3217 2176 1765 6
6721 7132 1243 4312 3271 2167 1756 6

C Ton Ut (d. 6)

147 i 5 3 5 | ; 7 ; 5 4 . 5 | i 5 3 5 | ; 2 ; 5 4 . 5 | i
i 5 3 . i | ; 7 ; 5 4 . . ; 7 ; | i 5 3 . i | ; 2 ; 5 4 . . ; 2 ; | i
i 5 i . 3 | ; 7 ; 5 ; 7 ; . 4 . | i 5 i . 3 | ; 2 ; 5 ; 2 ; . 4 . | i

C. Ton Ut (d. 6)

148 i . 3 5 i | ; 7 ; . 4 . 5 ; 7 ; | i 5 3 5 | ; 2 ; . 4 . 5 ; 2 ; | i
i . 3 5 3 | ; 7 ; . 4 . 5 4 . | i 5 3 . i | ; 2 ; . 4 . 5 4 . | i
i . 3 . i 5 | ; 7 ; . 4 . ; 7 ; 5 | i 5 i . 3 | ; 2 ; . 4 . . ; 2 ; 5 | i

F. Ton Fa (d. 3)

149 171 5#5 2X2 6♭6 2X2X2 6♭6♭6 5#5#5 17171

C. Ton Ut (d. 6) — (ua) G. Ton Sol (d. 2) — (uol) C. Ton Ut (d. 6)

150 135#5 246♭6 3517 (14) 32X2 2171 (15) 645 261

C. Ton Ut (d. 6)

151 [notation musicale sur portée]

Dictée (par le professeur)

152 Voir n° 8 pour les exercices possibles par l'élève seul.

Mesure

F. Ton Fa (d. 3)

153 | 1 2 0 | 3 4 0 | 5 5 0 | 1 1 0 | 1 0 2 | 3 0 4 | 5 0 5 | 1 0 0 |

F. Ton Fa (d. 3)

154 | 1 2 3 4 5 | 5 4 3 2 1 | 2 3 2 . | 1 2 3 0 4 5 | 5 4 3 0 2 1 | 2 3 1 0 0 |

E. Ton Mi (d. 4)

155 [notation musicale sur portée, 3/4]

taa a
tâ a a

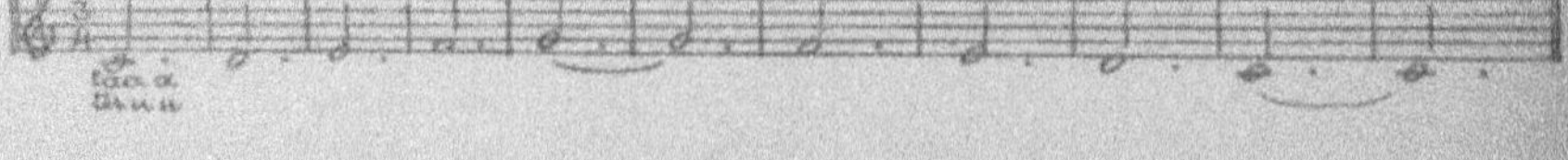

Théorie

Les Quartes

156. _ La quarte contient trois secondes.

157. _ Il y a une quarte majeure : fa si, composée de trois secondes Majeures.

158. _ Il y a six quartes mineures : ut fa, sol ut, ré sol, la ré, mi la, si mi ; composées chacune de deux secondes Majeures et une seconde mineure.

Phonomimie

159. _ Par le professeur. _ Voir N° 18 pour les exercices possibles par l'élève seul.

Lecture à vue

160. G^m Ton Sol mineur (d. 7) (M. 100)

‖ 6 5 4 | 3 . . | 6 7 i | 7 . . | 3̇ i i | 2̇ 7 7 | i 6 6 | 7 . . ‖ i 6 7 | 6 . . ‖

161. E. Ton Mi (d. 4) _ All^o (M. 100)

‖ 5 1 1 | 5 2 2 | 5 3 3 | 2 5 2 | 5 1 1 | 5 2 2 | 5 3 3 | 2 5 1 ‖ i i i | 7 6 7 |
| 7 7 7 | 6 5 6 | 6 6 6 | 5 4 5 ‖

162. G. Ton Sol (d. 2). Andante (M. 100)

‖ 3 5 1 | 3 . . | 3 2 5 | 2 . 1 | 3 5 1 | 3 4 5 | 5 4 3 | 2 . . | 3 5 1 |
| 3 . . | 3 2 5 | 2 . 1 | 3 5 1 | 3 5 6 | 2 . 5 | 1 . . ‖

163. D. Ton Ré (d 5) (sol) A. Ton La (d 1) (ut) D. Ton Ré (d 5)

| 1 2 | 3 5 4 3 | (2 5) . | 1 2 | 3 4 3 2 | (1 5) . | 6 7 6 5 | 6 5 4 5 | 4 3 2 5 | 1 . ‖

164. D. Ton Ré (d. 5) (M. 120)

Duo

165. C. Ton Ut (d. 6)

| 0 0 0 5 | i . . 7 | 7 . 6 6 | 4 6 2̇ i | i . 7 5 | 3̇ . . 2̇ | i 7 i 6 |
| 0 0 0 0 | 0 1 3 5 | 4 . . 0 | 0 1 4 6 | 5 . . 0 | 0 5 i 7 | i 5 3 1 |

| 2̇ . 0 5 | i . . 7 | 7 . 6 6 | 2̇ . . i | i . 7 7 | 3̇ . 2̇ 6 | 2̇ . i 5 | i 7 6 7 | i . . 0 |
| 7 . . 0 | 0 1 3 5 | 4 . . 0 | 0 2 4 6 | 5 . . 0 | 0 i i . | . 7 i 3 | 6 5 4 2 | 1 . . 0 |

Vocalisation

166. Exécuter l'exercice suivant dans tous les tons C. Ton Ut (d. 6) à G. Ton Sol (d 2). _ Vitesses diverses :

‖ 1 2 | 2 0 | 2 3 | 3 0 | 3 4 | 4 0 | 4 5 | 5 0 | 6 5 | 6 7 | i 0 ‖

167 Le Loup et l'agneau

Fable de La Fontaine. Sous forme de chanson. Extraite d'un recueil du XVIIIe Siècle

A. Ton La (d 1̇) (M. 110)

‖ 1̇ 1̇ 2̇ | 7 . . | 1̇ 1̇ 2̇ | 3̇ . 1̇ | 4̇ 4̇ 4̇ | 3̇ . . | 3̇ 1̇ 2̇ | 2̇ . 0 |
‖ 3 3 4 | 2 . . | 3 3 4 | 5 . 1̇ | 2̇ 2̇ 2̇ | 1̇ . . | 1̇ 6 7 | 5 . 0 |

1° Sur le courant d'une onde pu - re, Le loup plus haut, l'agneau plus bas,
2° D'abord le loup commence à di - re Tu viens troubler l'eau que je bois.
3° Mais l'an passé, je sais l'histoi - re, Oui, contre moi t'es déchaîné,
4° Si ce n'est toi, c'est donc ton frè - re, Reprend le loup d'un ton plus haut.
5° Mais que lui sert de se dé - fen - dre, De quoi lui sert la vé - ri - té;
6° Plaignons le sort de l'inno - cen - ce Elle ré cla - me en vain les lois,

| 2̇ 3̇ 4̇ | 5̇ . 1̇ | 7 . 1̇ | 2̇ . 1̇ | 2̇ 3̇ 4̇ | 2̇ . . | 1̇ 3̇ 2̇ | 1̇ . 0 |
| 5 1̇ 2̇ | 3̇ . 3 | 5 . 4 | 4 . 3 | 4 6 6 | 5 . . | 3 5 4 | 3 . 0 |

Buvaient un jour, par a - ven - tu - re, Très éloi - gnés, à trente pas.
L'agneau répond: Vo - yez Mes - si - re, Qu'elle des - cend de vous à moi.
L'agneau répond: Comment le croi - re? Je n'étais pas enco - re né.
Comment cela peut-il se fai - re? Je n'en ai pas, répond l'agneau.
Il est mangé sans plus at - ten - dre Comme s'il l'eût bien mé - ri - té.
Quand l'injusti - ce et la puissan - ce Sur l'écra - sant à la fois.

168 Exercices de mémoire

(d'après les indications du maître. Voir N° 18 pour les exercices possibles par l'élève seul)

Exercices graphiques

169 Transcrire en chiffres:

‖ 1 1 2 | . . . . | 2 . 0 | . . . .

170 Transcrire sur portée et en clé fa l'exercice N° 162 ci dessus

‖ 3 5 1 | 3 . . | 8:

7e Étape

Intonation.

E. Ton Mi mineur (d. 2)

171 ‖ 3 1 6 1 | , 4 , 2 , 6 , 2 , | 3 1 6 1 | , 4 , 2 , 7 , 2 , ‖ 6 ‖
3 1 6 3 | , 4 , 2 , 6 , , 4 , | 3 1 6 3 | , 4 , 2 , 7 , , 4 , ‖ 6 ‖
3 1 3 6 | , 4 , 2 , , 4 , 6 | 3 1 3 6 | , 4 , 2 , , 4 , , 7 , ‖ 6 ‖

D. Ton Ré (d. 5)

172 ‖ 1 3 5 1 | , 7 , 2 , , 6 , , 7 , | 1 3 5 1 | , 7 , , 4 , 6 , , 7 , | 1 ‖
1 3 5 3 | , 7 , 2 , , 6 , , 2 , | 1 3 5 3 | , 7 , , 4 , 6 , 4 , | 1 ‖
1 3 1 5 | , 7 , 2 , 7 , , 6 , | 1 3 1 5 | , 7 , , 4 , , 7 , , 6 , | 1 ‖

D. Ton Ré (d. 5)

173 ‖ 1 5 3 1 | , 7 , , 6 , , 2 , 7 , | 1 5 3 1 | , 7 , , 6 , 4 , , 7 , | 1 ‖
1 5 3 5 | , 7 , , 6 , , 2 , , 6 , | 1 5 3 5 | , 7 , , 6 , 4 , , 6 , | 1 ‖
1 5 1 3 | , 7 , , 6 , , 7 , 2 , | 1 5 1 3 | , 7 , , 6 , , 7 , , 4 , | 1 ‖

C. Ton Ut (d. 6)

174 ‖ 1 1 2 3 2 2 3 4 3 3 4 5 4 4 5 6 5 5 6 7 5 6 7 1 7 7 1 2 | 1 ‖
1 1 3 2 2 2 4 3 3 3 5 4 4 4 6 5 5 5 7 6 6 6 1 7 7 7 2 1 | 1 ‖

D. Ton Ré (d. 5)

175 ‖ 3 4 3 6 7 6 6 7 6 3 4 3 6 7 6 6 7 6 7 6 7 6 3 4 3 4 3 4 3 ‖

C. Ton Ut (d. 6) F. Ton Fa (d. 3) C. Ton Ut (d. 6)

176 ‖ 1 5 3 2 (1 5) 7 2 4 3 5 1 7 6 4 6 5 2 3 2 2 (2 5) 6 7 1 ‖
Sol Rol

C. Ton Ut (d. 6)

177

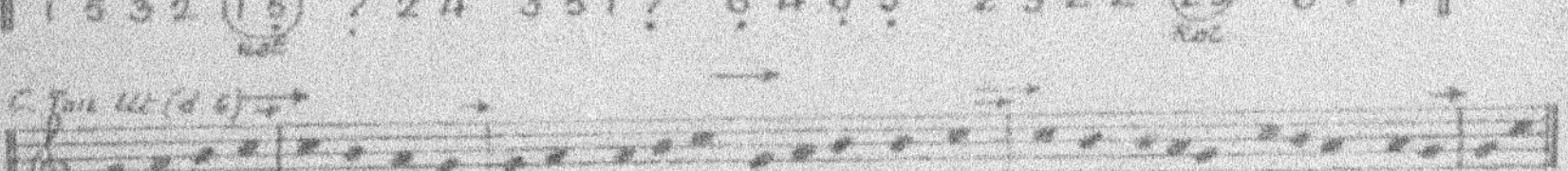

Dictée (par le professeur)

Voir No. 5 pour les exercices possibles pour l'élève seul.

Mesure

‖ 1 . 2 | 3 . 4 ‖ 5 . 5 | 5 . 0 ‖ 1 0 2 | 3 0 4 ‖ 5 0 5 | 1 0 ‖
taé a té ... taé a chu taé chuté ... taé chu
tuu u ré ... so a. ol chu tuu churé tuu chuu.

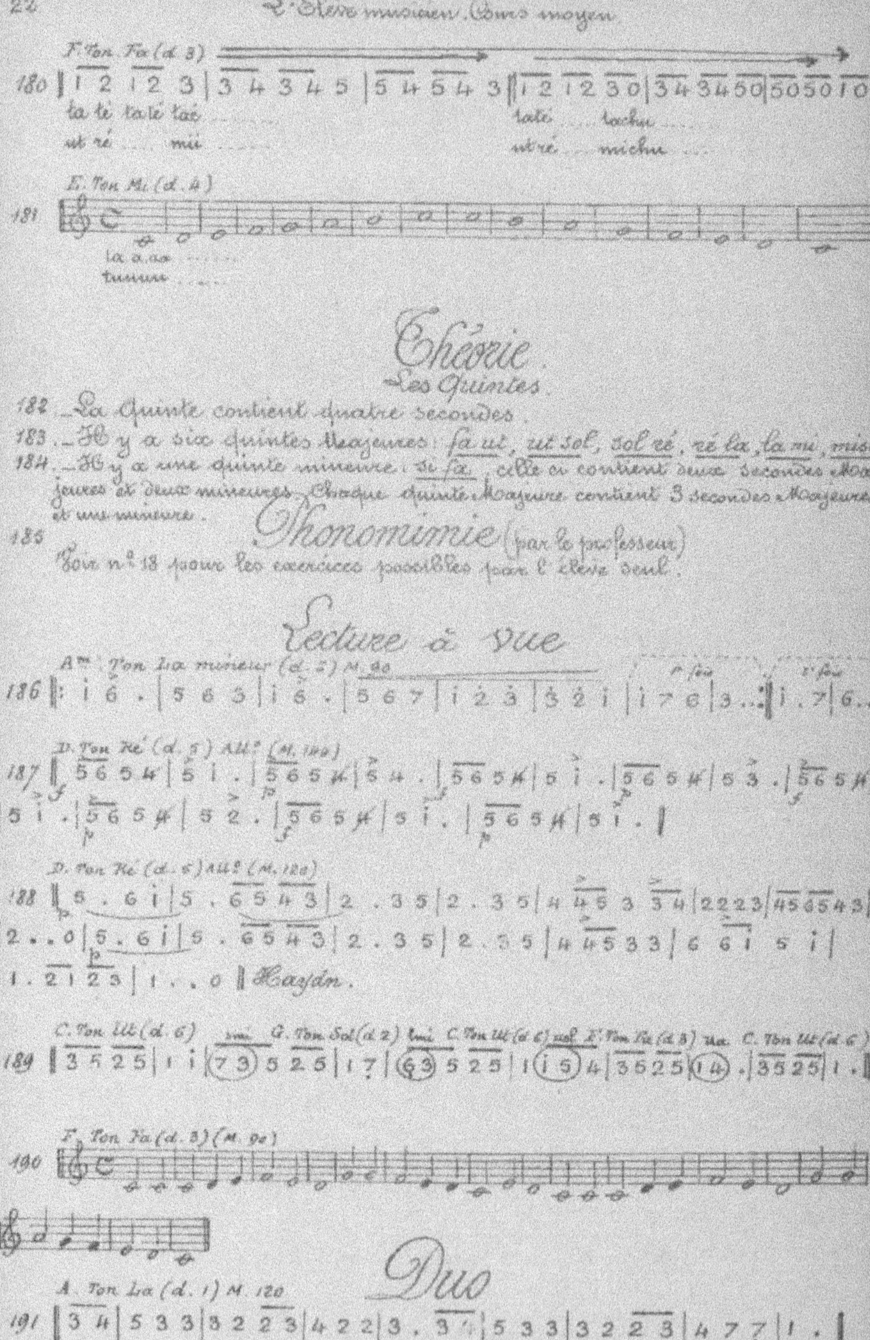

180 F. Ton Fa (d. 3)

ta té taté taé ... taté ... tachu ...

ut ré ... mii ... utré ... michu ...

181 E. Ton Mi (d. 4)

la a.aa ...

tuuuu ...

Théorie

Les Quintes

182. – La Quinte contient quatre secondes.

183. – Il y a six quintes Majeures: fa ut, ut sol, sol ré, ré la, la mi, mi si.

184. – Il y a une quinte mineure: si fa, celle ci contient deux secondes Majeures et deux mineures. Chaque quinte Majeure contient 3 secondes Majeures et une mineure.

Phonomimie (par le professeur)

185 Voir n° 18 pour les exercices possibles par l'élève seul.

Lecture à vue

186 Am. Ton La mineur (d. 2) M. 90 — 1re fois — 2e fois

187 D. Ton Ré (d. 5) All° (M. 140)

188 D. Ton Ré (d. 5) All° (M. 120) — Haydn.

189 C. Ton Ut (d. 6) — G. Ton Sol (d. 2) — C. Ton Ut (d. 6) — F. Ton Fa (d. 3) — C. Ton Ut (d. 6)

190 F. Ton Fa (d. 3) (M. 92)

Duo

191 A. Ton La (d. 1) M. 120

Vocalisation

192 Exécuter l'exercice suivant dans tous les tons de A. Ton La (d 1) à E. Ton Mi (d. 4). Vitesses diverses:

‖ 1̇ 5 | 5 0 | 5 3 | 3 0 | 4 2 | 2 0 | 3 1 | 1 0 ‖

L'Espérance

A. Ton – A (d 1̇) Air populaire (M. 108)

193
| 0 3 4 | 5 5 6 6 | 5 1̇ 2̇ | 3̇ 1̇ 7 | 1̇ 3 4 | 5 5 6 6 |
| 0 1 2 | 3 3 4 4 | 3 3 4 | 5 6 5 | 3 1 2 | 3 3 4 4 |

1 Je suis franc et sans soucis, Je vis d'es-pé-rance; Les amis que j'ai choi-
2 Je n'aime ni les méchants Ni les gens maussades, Mais les gais et bons en-
3 Lorsqu'on se comporte bien En é-tant é-lè-ve, Au titre de ci-toy-
4 Je voudrais tous les humains Exempts de mi-sè-res, Se donnant toujours les

| 5 1̇ 2̇ | 3̇ 1̇ 7 | 1̇ 4̇ 3̇ | 2̇ 3̇ 4̇ 3̇ | 2̇ 4̇ 3̇ | 2̇ 1̇ 7 6 |
| 3 3 4 | 5 6 5 | 3 5 1̇ | 7 1̇ 2̇ 1̇ | 7 2̇ 1̇ | 7 6 5 4 |

sis Sont pleins de vaillan-ce. Au travail a-vec ardeur Ils s'adonnent de tout
fants Sont mes cama-ra-des. Lorsque je suis a-vec eux, Nous chantons le cœur jo-
en Plus tard on s'é-lè-ve. Il est bon que chaque enfant marche toujours de l'a-
mains Et vi-vant en frè-res. Que pour prix de leur labeur, tous aient leur part de bon-

| 5 3 4 | 5 5 6 6 | 5 1̇ 2̇ | 3̇ 1̇ 7 | 1̇ 0 ‖
| 3 1 2 | 3 3 4 4 | 3 3 4 | 5 6 5 | 3 0 ‖

cœur, Remplis d'es-pé-rance, ô gué, Remplis d'es-pé-ran-ce.
yeux: Vive l'es-pé-rance! ô gué, Vi-ve l'es-pé-ran-ce!
vant Avec l'es-pé-rance, ô gué, Avec l'es-pé-ran-ce.
heur! La belle es-pé-rance, ô gué, La belle es-pé-ran-ce.

Exercices de mémoire

194 (d'après les indications du maître. – Voir N° 27 pour les exercices possibles par l'élève seul.

Exercices graphiques

195 Transcrire en chiffres l'exercice suivant:

‖ 5 . | 6 7 | 1̇ . | . 1̇ | ....

196 Mettre sur portée en clé Sol, l'exercice en chiffres n° 188:

‖ 5 . 6 1̇ | 5 . 6 5 4 3 | 2 . 3 5 | ....

8e Étape

Intonation

B^m Ton Si mineur (d. 5)

197 | 3 1 3 6 | 4 2 4 6 | 3 1 3 6 | 4 2 4 7 | 6 |
| 3 1 6 3 | 4 2 6 4 | 3 1 6 3 | 4 2 7 4 | 6 |
| 3 1 6 1 | 4 2 6 2 | 3 1 6 1 | 4 2 7 2 | 6 |

E^m Ton Mi min. (d. 2)

198 | 6567 7671 1712 2123 3231 2127 1716 7675 6 |
| 6576 7617 1721 2132 3213 2172 1761 7657 6 |

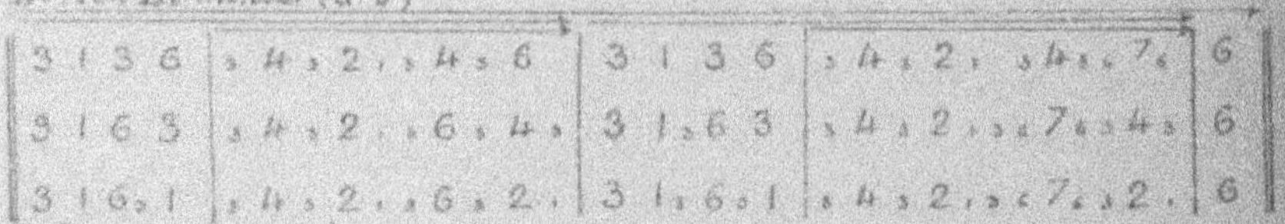

D. Ton Ré (d. 5)

199 | 5 1 3 5 | 6 7 2 6 | 5 1 3 5 | 6 7 4 6 | 1 |
| 5 1 3 1 | 6 7 2 7 | 5 1 3 1 | 6 7 4 7 | 1 |
| 5 1 5 3 | 6 7 6 2 | 5 1 5 3 | 6 7 6 4 | 1 |

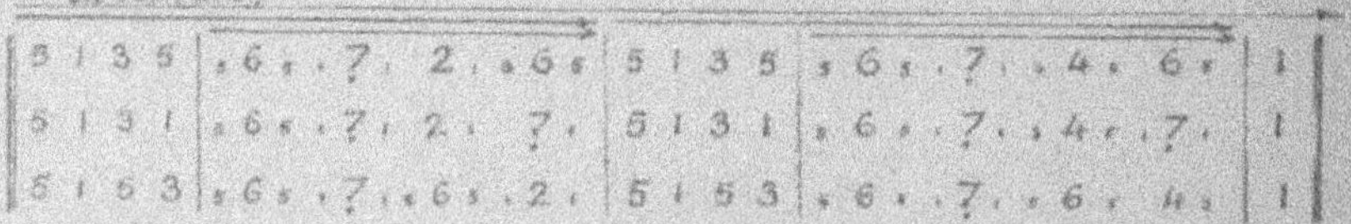

C. Ton Ut (d. 6)

200 | i 5 3 5 | 7 6 2 6 | i 5 3 5 | 7 6 4 6 | i |
| i 5 3 i | 7 6 2 7 | i 5 3 i | 7 6 4 7 | i |
| i 5 i 3 | 7 6 7 2 | i 5 i 3 | 7 6 7 4 | i |

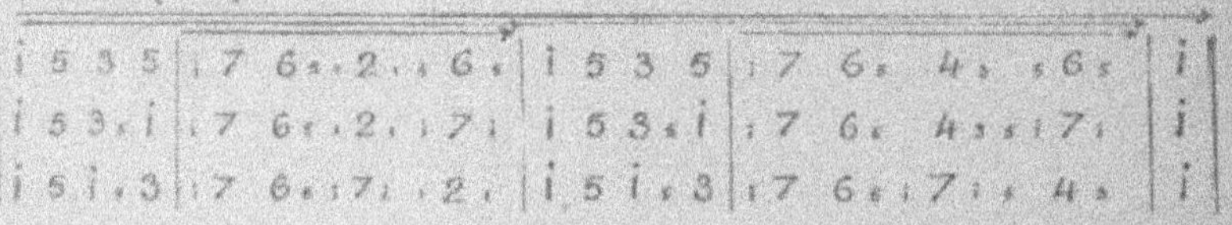

G. Ton Sol (d. 2)

201 | 343 676 5#5 i7i 6767676 5#545#5 54321 ||

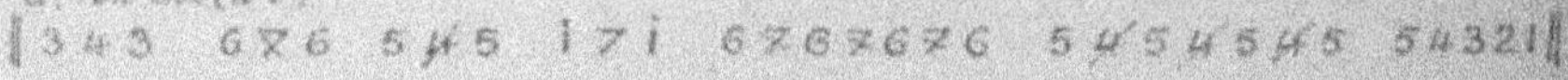

D. Ton Ré (d. 5) — sol — G. Ton Sol (d. 2) — mi — D. Ton Ré

202 || 171 3#23 5#5 (15) 5724 2#2 6#6 5#5642 (73) 565 1 ||

D. Ton Ré (d. 5)

203

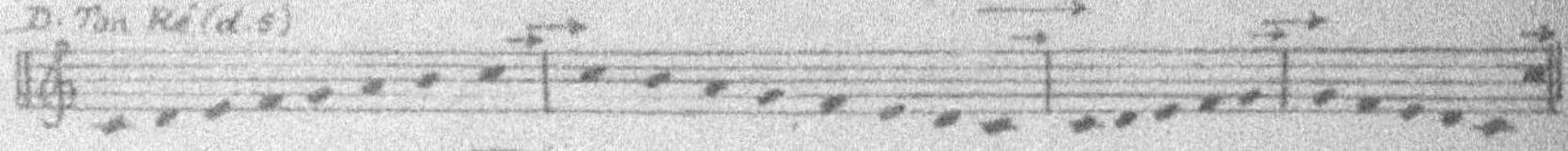

204 **Dictée** (par le professeur)

(Voir N° 8 pour les exercices possibles par l'élève seul.

Mesure

F. Ton Fa (d. 3)

205 || 11 . 2 | 33 . 4 || 55 . 5 | 11 . 0 || 11 0 2 | 33 0 4 || 55 0 5 | 11 0 ||

taté até ... taté achu taté chuté ... taté chu

tutu ure ... tutu uchu tutu churé ... tutu chu

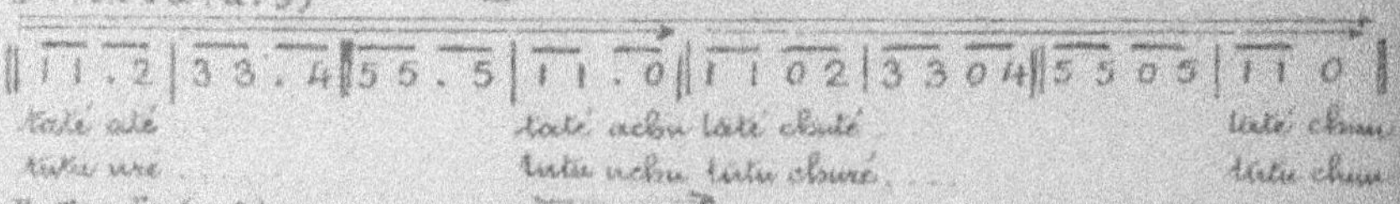

F. Ton Fa (d. 3)

206 || 1 . 23 | 4 . 54 | 3 . 32 | 1 . . || 5 0 43 | 2 0 12 | 3 0 45 | 1 0 55 | 100 ||

taa aa taté ... taa chu taté

tuu uu te ne ... sool chuu fami

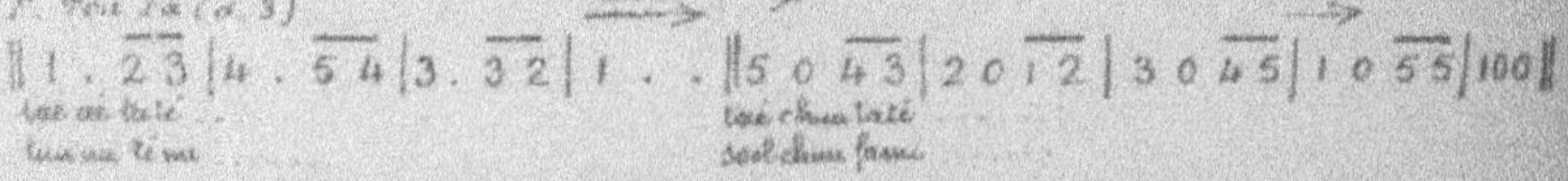

207

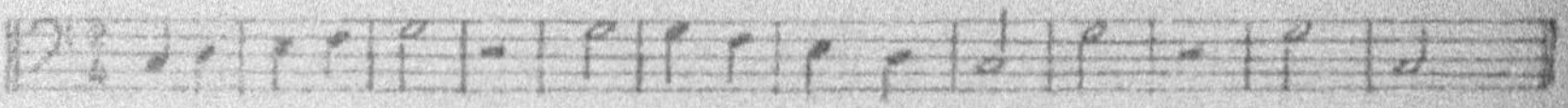

Théorie

Les Sixtes

208 La Sixte contient cinq secondes.

209 Il y a quatre sixtes Majeures : fa ré, ut la, sol mi, ré si ; chacune d'elle contient 4 secondes Majeures et 1 seconde mineure.

210 Il y a trois sixtes mineures : la fa, mi ut, si sol ; chacune contient 3 secondes Majeures et 2 secondes mineures.

Phonomimie

211 (par le professeur – Voir N° 18 pour les exercices possibles par l'élève seul)

Lecture à vue

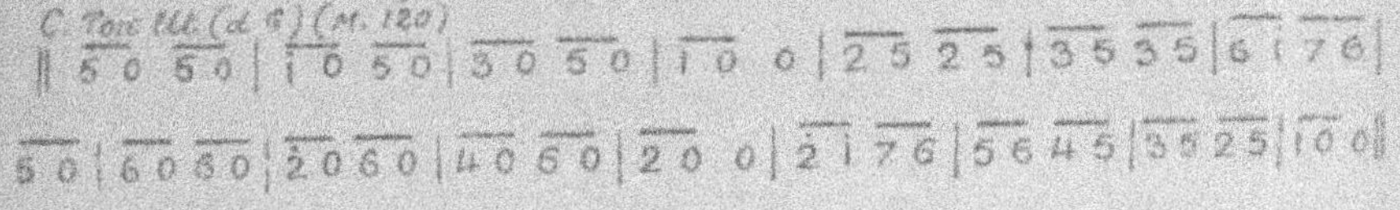

C. Ton Ut (d. 6) (M. 120)

212 ‖ 5 0 5 0 | 1 0 5 0 | 3 0 5 0 | 1 0 0 | 2 5 2 5 | 3 5 3 5 | 6 1 7 6 | 6 5 0 | 6 0 8 0 | 2 0 6 0 | 4 0 5 0 | 2 0 0 | 2 1 7 6 | 5 6 4 5 | 3 5 2 5 | 1 0 0 ‖

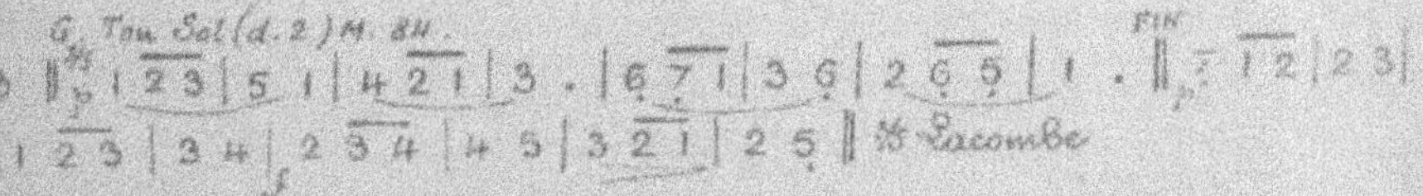

G. Ton Sol (d. 2) M. 84.

213 ‖ p 1 2 3 | 5 1 | 4 2 1 | 3 . | 6 7 1 | 3 6 | 2 6 5 | 1 . ‖ FIN p 1 2 | 2 3 | mf 1 2 3 | 3 4 | f 2 3 4 | 4 5 | 3 2 1 | 2 5 ‖ Lacombe

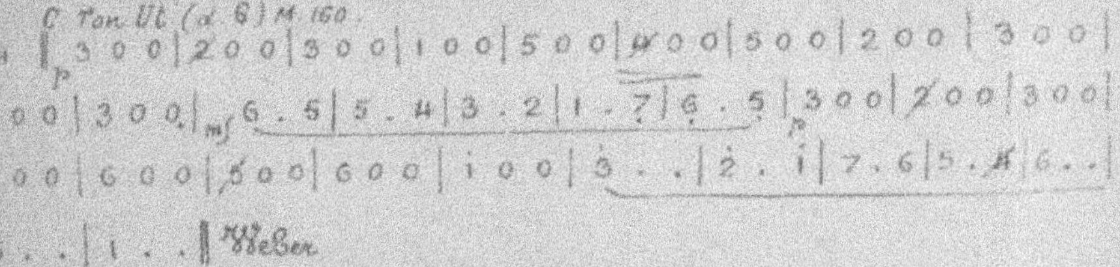

C. Ton Ut (d. 6) M. 160.

214 ‖ p 3 0 0 | 2 0 0 | 3 0 0 | 1 0 0 | 5 0 0 | 4 0 0 | 5 0 0 | 2 0 0 | 3 0 0 | 2 0 0 | 3 0 0 | mf 6 . 5 | 5 . 4 | 3 . 2 | 1 . 7 | 6 . 5 | p 3 0 0 | 2 0 0 | 3 0 0 | 1 0 0 | 6 0 0 | 5 0 0 | 6 0 0 | 1 0 0 | 3 . . | 2 . 1 | 7 . 6 | 5 . 4 | 6 . . | 5 . . | 1 . . ‖ Weber

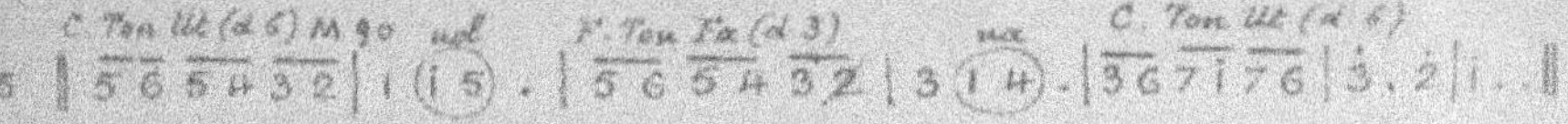

C. Ton Ut (d. 6) M. 90 sol — F. Ton Fa (d. 3) — ré — C. Ton Ut (d. 6)

215 ‖ 5 6 5 4 3 2 | 1 (1 5) . | 5 6 5 4 3 2 | 3 (1 4) . | 3 6 7 1 7 6 | 3 . 2 | 1 . . ‖

C. Ton Ut (d. 6) M. 100

216 [portée musicale]

Canon

F. Ton Fa (d. 3) All° (M. 144)

217 ‖ A 0 5 5 1 1 2 2 | 3 3 2 2 1 1 7 7 | 6 6 4 4 6 4 4 | 7 5 5 4 4 2 2 | B 1 1 5 5 3 3 2 2 | 1 1 2 2 3 3 5 5 | 4 4 6 6 4 6 6 | 2 5 5 6 6 7 7 | 1 1 ‖ Rossini

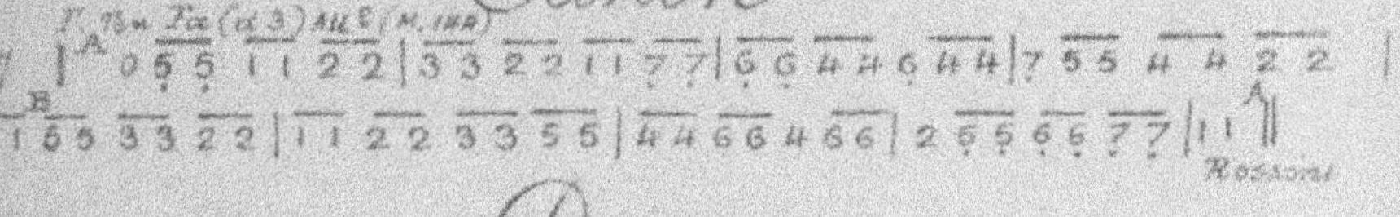

Duo

G. Ton Sol (d. 2) Renversement, D. Ton Ré (d. 5) (M. 120)

218
p 3 4 5 6 5 . | 1 2 3 4 3 . | 6 7 1 2 7 1 2 3 | 1 2 3 4 2 5 |
1 . 7 1 2 3 | 6 . 5 6 7 1 | 4 . 5 . | 6 . 7 . |

3 4 5 6 5 . | 1 2 3 4 3 . | 6 7 1 2 5 6 7 1 | 2 3 4 5 1 0 |
1 . 7 1 2 3 | 6 . 5 6 7 1 | 4 . 3 4 5 6 | 7 . 1 0 |

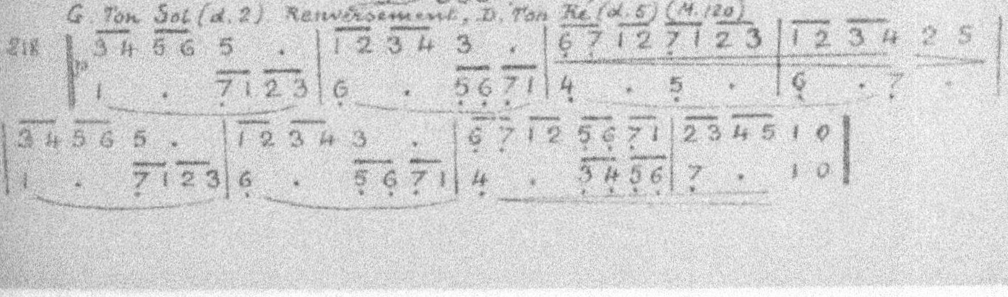

Vocalisation

219 Exécuter l'exercice suivant dans tous les tons de A. Ton La (d 1̇) à E. Ton Mi (d 4). — Vitesses diverses :

‖ 1̇ 7 | 7 0 | 7 6 | 6 0 | 6 5 | 5 0 | 5 4 | 3 2 | 1 . ‖

220

Aimons les petits oiseaux

Extrait du recueil Belge Lauweryns fils. Éditeur Bertram, 10. Rue St Jean, Bruxelles.

C. Ton Ut (d. 6) Mouvt de Valse (m. 160)

| 5 3 4 | 5 . 1̇ | 7 . 6 | 6 . 5 | 5 6 3 | 4 . 4 | 5 . 2 | 3 . 0 |
| 3 1 2 | 3 . 3 | 5 . 4 | 4 . 3 | 3 1 1 | 2 . 2 | 7 . 7 | 1 . 0 |

1. Petits oi-seaux, dans le feuilla-ge chantez nous donc vos plus beaux chants,
2. Vous nous ai-dez, faisant la guerre aux mille insec-tes malfaisants,
3. Gazouillez donc dans le feuilla-ge, Cri-ez, chantez dans vos berceaux.

à volonté

| 5 3 4 | 5 . 1̇ | 7 . 6 | 6 . 5 | 5 3 5 | 1̇ . 1̇ | 2̇ . 2̇ | 3̇ . . | 5 3 5 |
| 3 1 2 | 3 . 3 | 5 . 4 | 4 . 3 | 3 1 3 | 3 . 3 | 5 . 5 | 5 . . | 3 1 3 |

1 Par votre aimable ba-bil-la-ge Réjou-is-sez tous les en-fants Réjou-is-
2 qui rongent fleurs et fruits sur ter-re! C'est ce que sa-vent les en-fants C'est ce que
3 Continu-ez ce ba-bil-la-ge : Nous vous aimons petits oi-seaux Nous vous ai-

| 1̇ . 1̇ | 2̇ . 3̇ | 1̇ 0 0 ‖
| 3 . 3 | 5 . 5 | 3 0 0 ‖

1 sez tous les enfants.
2 sa-vent les enfants.
3 mons petits oiseaux.

Exercices de mémoire

221 (D'après les indications du professeur. — Voir no 18 pour les exercices possibles par l'élève seul).

Exercices graphiques

222 Transcrire en chiffres :

‖ 5 5 5 | 3 . 1 | ......

223 Transcrire en notation sur portée, et en clé sol, l'exercice en chiffres No 205

‖ 1 1 . 2 | 3 3 . 4 | 5 5 . 5 | .... etc

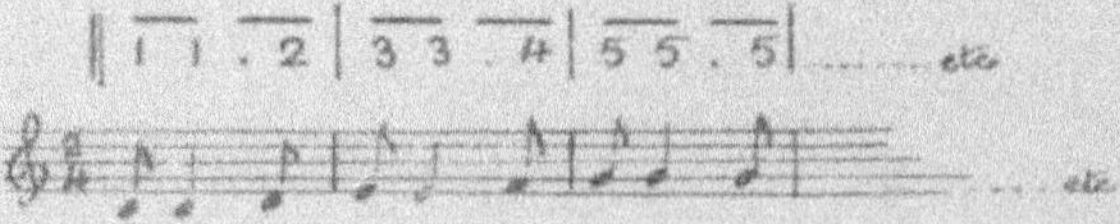

.... etc

9e Étape

Intonation

Am. Ton La mineur (d. 6)

224 | 6 i 6 3 | 6 : 2 : 6 . 4 : | 6 i 6 3 | . 7 : 2 : 7 . . 4 . | i |
| 6 i . 3 6 | 6 : 2 : . 4 . 6 | 6 i . 3 6 | . 7 : 2 : . 4 . . 7 : | i |
| 6 i . 3 . i | 6 . 2 : . 4 . : 2 : | 6 i . 3 i | . 7 : 2 : . 4 . : 2 : | i |

C. Ton Ut (d. 6)

225 | 5 3 5 i | . 6 . . 2 . . 6 7 : | 5 3 5 i | . 6 . 4 . . 6 7 : | i |
| 5 3 . i 5 | . 6 . . 2 . : 7 6 . | 5 3 i 5 | . 6 . 4 . . : 7 : . 6 . | i |
| 5 3 . i . 3 | . 6 . . 2 . : 7 : . 2 : | 5 3 i 3 | . 6 . 4 . . : 7 : . 4 . | i |

C. Ton Ut (d. 6)

226 | 5 i 5 3 | . 6 7 : . 6 . . 2 : | 5 i 5 3 | . 6 7 : . 6 . 4 . | i |
| 5 i . 3 5 | . 6 7 : . 2 . . 6 . | 5 i . 3 5 | . 6 7 : . 4 . . 6 . | i |
| 5 i . 3 . i | . 6 7 : . 2 . : 7 : | 5 i . 3 . i | . 6 7 : . 4 . . : 7 : | i |

C. Ton Ut (d. 6)

227 | 1 2 3 4 . 1 2 3 4 5 . 2 3 4 5 6 . 3 4 5 6 7 : . 4 5 6 7 i 5 |
| 1 2 3 1 . 4 . 2 3 4 . 2 . 5 3 4 5 3 . 6 . . 4 5 6 . 4 . . 7 : 5 6 7 : 5 i |

C. Ton Ut (d. 6)

228 | 5 #4 5 i 7 i 6 5 6 2 #1 2 5 #4 5 6 7 6 5 #4 5 2 #1 2 6 7 6 5 4 3 2 1 |

C. Ton Ut (d. 6) mi Q. Ton Sol (d. 2) mi C. Ton Ut (d. 6)

229 | 5 6 3 2 1 5 6 (73) 2 5 5 2 1 5 6 7 6 2 3 4 (37) 5 5 2 i i |

230

Dictée (par le professeur)

231

Voir n° 8 pour les exercices possibles par l'élève seul.

Mesure

F. Ton Fa (d. 3)

232 | 1 2 . | 2 3 . | 3 4 . | 4 5 . | 1 2 0 | 2 3 0 | 3 4 0 | 5 5 1 |

F. Ton Fa (d. 3)

233 | 1 2 . 3 4 5 | 5 4 . 3 2 1 | 5 5 . 5 5 | 5 4 0 3 2 1 | 1 2 0 3 4 5 | 5 5 0 5 1 |

E. Ton Mi (d. 4)

234

taa ta .... taa

tuu tu .... tuu

Théorie

Les Septièmes

234 — L'intervalle appelé septième contient six secondes.

235 — Il y a deux septièmes Majeures : fa mi et ut si. — Chacune contient cinq secondes Majeures et une seconde mineure.

236 — Il y a cinq septièmes mineures : sol fa, ré ut, la sol, mi ré, et si la. Chacune contient quatre secondes Majeures et deux secondes mineures.

237 # Phonomimie (par le professeur)

Voir n° 18 pour les exercices possibles par l'élève seul.

Lecture à vue

G. Ton Sol (D. 2) Andante (M. 80)

238 ‖ 0 0 p 3 | 3 . 1 | 4 . 3 | 3 . 2 | 1 . 1 | 2 . 3 | 4 4 . | 2 . 2 | 2 . 2 |
| 1 . 1 | 6 . . | 6 . 2 | 7 . 5 | 1 . 3 | 7 . 6 | 5 . . | 2 3 4 | 5 . 5 | 5 4 3 |
| 4 . . | 4 2 2 | 4 . . | 3 1 1 | 2 . 3 | 3 . 1 | 4 . 3 | 2 . . | 7 . 7 | 2 4 . | 2 . 3 | 1 . . ‖ (Grétry)

D. Ton Ré (d 5) (M. 90)

239 ‖ 5 1 ‖: 1 7 7 6 4 6 | 6 5 5 5 1 3 | 3 2 3 2 3 2 | 1 3 3 5 5 1 :‖ 1 0 ‖ Weber

G. Ton Sol (d 2) M. 152. Allegro

240 ‖ 5 5 | 1 5 3 3 2 5 4 4 | 3 5 5 5 5 4 3 2 | 2 1 1 1 1 7 6 7 | 1 2 0 5 5 |
| 1 5 3 3 2 5 4 4 | 3 5 5 5 5 4 3 2 | 2 1 1 1 1 7 6 7 | 1 0 ‖ Beethoven

C. Ton Ut (d 6) (sol) G. Ton Sol (d 2) (sol) C. Ton Ut (d 6)

241 ‖ 5 1 7 5 | 6 (5 1) | 6 1 7 6 | 7 3 | 3 2 4 | 3 2 4 | 3 2 (1 5) | 2 . | 1 . ‖

D. Ton Ré (d 5)

242

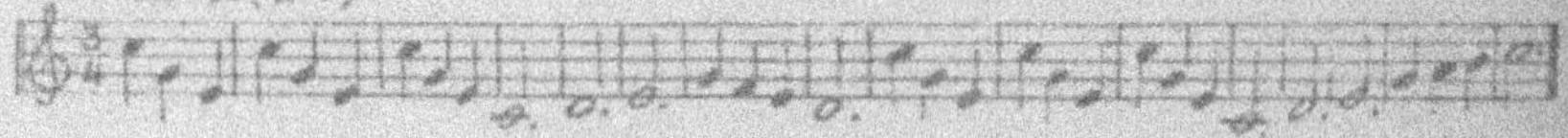

Duo

D. Ton Ré (d 5)

243 ‖ 0 0 | 5 6 7 1 | 2 1 7 | 6 . | . 5 | 5 . | 5 6 7 1 | 2 1 7 |
‖ 1 2 3 4 | 5 4 3 | 2 . | . 1 | 7 . | 1 2 3 4 | 5 4 3 | 2 . |

‖ 6 . | . 7 | 1 . ‖
‖ . 1 | 5 . | 1 . ‖

Vocalisation

244 Exécuter l'exercice suivant dans tous les tons de A. Ton La (d 1) à E. Ton Mi (d 4),
Vitesses diverses :

‖ 1 3 | 3 0 | 2 4 | 4 0 | 3 5 | 5 0 | 5 1 | 1 0 ‖

Le Cheval

Tiré du Recueil de chants en musique chiffrée (Van os de Wolf 2, R. St Pierre et Paul, Anvers (Belgique)

G. Ton Sol (d 2) M 110

245
| 1 3 | 5 0 | 5 4 3 2 | 1 0 | 2 2 7 5 | 5 5 3 1 | 2 2 7 5 |
| 1 1 | 3 0 | 3 2 1 7 | 1 0 | 5 5 5 5 | 3 3 1 1 | 5 5 5 5 |

1er Ho! ho! ho! Cours au grand galop! Mon cheval a grande allure, Fier et noble est
2e Ha! ha! ha! Maintenant au pas! Mon cheval a trop de peine Il courrait à
3e Hu! hu! hu! Il ne marche plus! Mon cheval a faim je pense, Je prépa re

| 5 5 3 1 | 1 2 3 4 | 5 0 | 5 4 3 2 | 1 0 ||
| 3 3 1 1 | 1 7 1 2 | 3 0 | 3 2 1 7 | 1 0 ||

sa tournure. Ho! ho! ho! ho! ho! Cours au grand galop!
perdre haleine. Ha! ha! ha! ha! ha! Maintenant au pas!
sa pitance. Hu! hu! hu! hu! hu! Il ne marche plus!

Exercices de mémoire

246 (D'après les indications du maître – Voir n° 27 pour les exercices possibles par l'élève seul)

Exercices graphiques

247 Transcrire en chiffres

| 0 0 0 1 | 2 3 4 2 | 3 . 1 3 |

248 Transcrire sur portée l'exercice N° 238 ci dessus:

| 0 0 3 | 3 . 1 | 4 . 3 | etc

10e Étape

Intonation

1er Ton La min (d 6)

249
6 3 1 3	6 . 4 . 2 . . 4 .	6 3 1 3	. 7 . . 4 . 2 . . 4 .	1	
6 3 1 . 6	6 . 4 . 2 . . 6 .	6 3 1 . 6	. 7 . . 4 . 2 . . 7 .	1	
6 3 6 . 1	6 . 4 . 6 . 2 .	6 3 6 . 1	. 7 . . 4 . . 7 . . 2 .	1	

2e Ton Mi min. (d 2)

250
| 3 4 3 2 2 3 2 1 1 2 1 7 7 1 7 6 6 5 6 7 1 7 1 2 2 1 2 3 6 |
| 3 4 2 3 2 3 1 2 1 2 7 1 7 1 6 7 6 5 7 6 1 7 2 1 2 1 3 2 6 |

A. Ton Do (d 1)

251
5 1 3 1	. 6 7 . 2 . 7 .	5 1 3 1	. 6 7 . . 4 . . 7 .	1	
5 1 3 . 5	. 6 7 . 2 . . 6 .	5 1 3 . 5	. 6 7 . . 4 . . 6 .	1	
5 1 5 . 3	. 6 7 . . 6 . . 2 .	5 1 5 . 3	. 6 7 . . 6 . . 4 .	1	

D. Ton Ré (d. 5)

252 | 5 3 1 5 | 6 2 7 6 | 5 3 1 5 | 6 4 7 6 | 1 |
| 5 3 1 3 | 6 2 7 2 | 5 3 1 3 | 6 4 7 4 | 1 |
| 5 3 5 1 | 6 2 6 7 | 5 3 5 1 | 6 4 6 7 | 1 |

E. Ton Mi (d. 4)

253 ‖ 1 7 1 3 2 3 3 2 3 1 7 1 3 2 3 2 3 2 3 1 7 1 7 1 7 1 ‖

D. Ton Ré (d. 5) sol G. Ton Sol (d. 2) sol D. Ton Ré (d. 5)

254 ‖ 1 7 1 5 3 2 3 (1 5) 4 2 7 2 1 5 6 5 6 2 5 4 5 1 (2 5) 6 5 6 7 1 ‖

E. Ton Mi (d. 4)

255

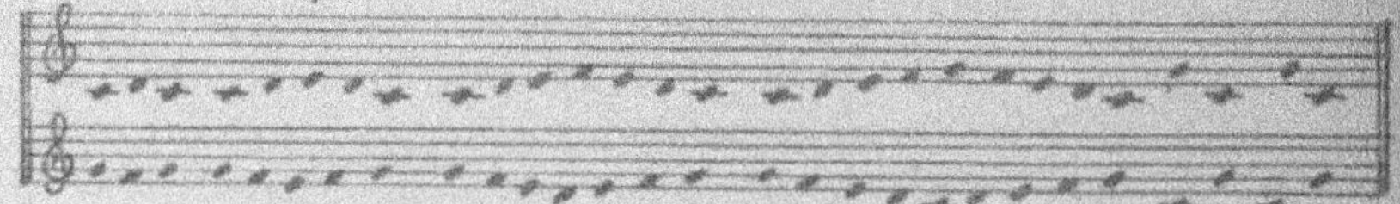

Dictée (par le professeur)

256 Voir N° 18 pour les exercices pratiques pour l'élève seul.

Mesure.

F. Ton Fa (d. 3)

257 ‖ 1 1 2 2 | . 3 3 3 ‖ . 4 4 4 | 5 5 5 ‖ 5 5 4 4 | 0 3 3 3 ‖ 0 2 2 2 | 1 1 1 ‖

F. Ton Fa (d. 3)

258 | 1 . 2 3 | 2 . 3 4 | 3 . 4 5 ‖ 5 0 0 4 3 0 | 4 0 0 3 2 0 | 3 0 0 2 1 0 ‖

F. Ton Fa (d. 3)

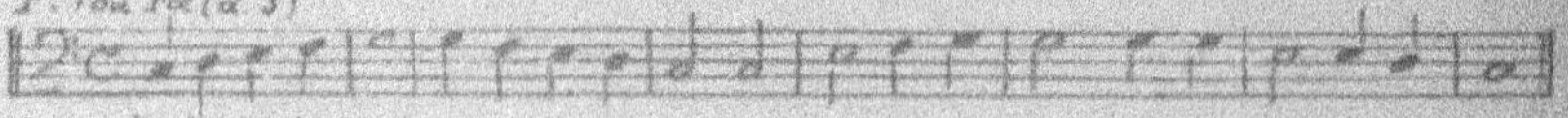

ta ta ta tataaa ......

ut ré mi faraaa ......

Théorie

Les Octaves

260 .. L'intervalle appelé octave contient sept secondes

261 .. Toutes les Octaves sont égales

262 .. Il n'y a ni octaves Majeures ni octaves mineures, parcequ'elles contiennent toutes cinq secondes Majeures et deux secondes mineures

Phonomimie (par le professeur)

263 Voir N° 18 pour les exercices possibles par l'élève seul.

Lecture à vue

C. Ton Ut (d. 6) M. 120

264 ‖ 5 . 6 5 | 1 . 7 6 | 5 . 6 5 | 2 . 7 6 | 5 4 5 4 3 2 | 3 . 1 | 6 . 7 6 |
| 2 . 1 7 | 6 . 7 6 | 3 . 2 1 | 7 6 5 4 3 2 | 1 . 0 ‖

E. Ton Mi (d. 4)

265 ‖ 5 . . | 3 . 1 | 6 5 6 7 1 6 | 5 . . | 5 . . | 3 . 1 | 2 1 2 3 4 2 | 1 . . |
| 5 1 3 1 3 1 | 5 1 3 1 3 1 | 5 1 3 1 3 1 | 4 . 2 | 5 7 2 7 2 7 | 5 7 2 7 2 7 | 5 7 2 7 2 7 | 2 . 1 ‖

L'élève musicien _ Cours moyen.
31
267
A. Ton La (a 6)
268
Duo.
269
Vocalisation
270 Exécuter l'exercice suivant dans tous les tons de C. Ton Ut (a 6) à G. Ton Sol (a 2) _ Vitesses diverses :
Au Travail
F. Ton Fa (d 3) Composition d'un Elève d'Ecole primaire
271
1° Au travail, mes amis ! Que nul de nous ne sommeille, Lorsque nature s'éveille ;
2° Les Oiseaux dans le bo_ca_ge, Font entendre leur ramage ;
3° Pleins d'ardeur l'âme ra_vi_e, Gaîment reprenons la vie ;
4° Recommençons notre tâche, Poursuivons la sans relâche ;
5° Fuyant les su_jets fu_ti_les, Soyons des hommes u_ti_les ;
Au travail, mes amis !
Exercices de mémoire
272 (d'après les indications du maître _ Voir N° 27 pour l'exercice possible par l'élève seul)
Exercices graphiques
273 Transcrire en chiffres l'exercice suivant :
274 Mettre sur portée et en clé fa l'exercice en chiffres N° 257 :

11e Étape

Intonation

Ar. Ton La min. (d. 6)

275
1 3 6 3	. 2 . 4 . 6 . 4 .	1 3 6 3	. 2 . 4 . 7 . 4 .	1
1 3 6 . 1	. 2 . 4 . 6 . 2 .	1 3 6 . 1	. 2 . 4 . 7 . 2 .	1
1 3 1 . 6	. 2 . 4 . 2 . 6	1 3 1 . 6	. 2 . 4 . 2 . 7 .	1̇

A. Ton La (d. 1)

276
1̇ 3̇ 1̇ . 5	: 7 : 2̇ : 7 6 .	1̇ 3̇ 1̇ 5	: 7 : 4̇ : 7 6 .	1̇
1̇ 3̇ : 5 1̇	: 7 : 2̇ : 6 7 :	1̇ 3̇ : 5 1̇	: 7 : 4̇ : 6 7 :	1̇
1̇ 3̇ : 5 . 3̇	: 7 : 2̇ : 6 : 2̇ :	1̇ 3̇ : 5 : 3̇	: 7 : 4̇ : 6 : 4̇ :	1̇

A. Ton La (d. 1)

277
1̇ 5 1̇ 3̇	: 7 6 : 7 : 2̇ :	1̇ 5 1̇ 3̇	: 7 6 : 7 : 4̇ :	1̇
1̇ 5 : 3̇ 1̇	: 7 6 : 2̇ : 7 :	1̇ 5 : 3̇ 1̇	: 7 6 : 4̇ : 7 :	1̇
1̇ 5 : 3̇ : 5	: 7 6 : 2̇ : 6 .	1̇ 5 : 3̇ : 5	: 7 6 : 4̇ : 6 .	1̇

C. Ton Ut (d. 6)

278
| 1 2 1 3 4 . . 2 3 2 . 4 5 3 4 3 5 6 . 4 5 4 . . 6 7 . 5 6 5 : 7 1̇ 1̇ |
| 1 2 1 . 4 3 2 3 2 . 5 4 3 4 3 . 6 5 4 5 4 . . 7 6 5 6 5 1̇ 7 1̇ |

D. Ton Ré (d. 5)

279
| 1 7̣ 1 3 2̸ 3 2 1̸ 2 5 4̸ 5 3 2̸ 3 6 5̸ 6 5 4̸ 5 1̇ 7 1̇ 5 4 3 2 1 |

Dr. Ton Ré min. (d. 3) Ar. Ton La min. (d. 6) Dr. Ton Ré min. (d. 3)

280
| 1 7 6 3 2̸ (36) 7 1̇ 7 6 1̇ 7 6 5̸ 6 6 5̸ 6 (63) 3 4 3 3 2 1 7̣ 6̣ |

C. Ton Ut (d. 6) - la

281

Dictée

282 (par le professeur _ Voir No. 8 pour les exercices possibles par l'élève seul).

Mesure

F. Ton Fa (d. 3)

283
| 1 1 2 2 | . 3 . 4 | . 5 . 5 | 5 . || 1 1 2 2 | 0 3 0 4 || 0 5 0 5 | 1 0 |

F. Ton Fa (d. 3)

284
| 1 . . 2 | 3 . . 4 | 5 . . || 5 0 0 4 | 3 0 0 2 | 1 0 0 |

285

Théorie

Les modes

286 Les modes sont la manière dont les secondes Majeures et les secondes mineures se succèdent dans l'étendue de l'Octave.

287 Les Modes le plus souvent employés sont au nombre de deux : le mode qui commence et finit par ut,
Ex. 1 : ut, ré, mi, fa, sol, la, si, ut
288 et le mode qui commence et finit par la.
Ex. 2 : la, si, ut, ré, mi, fa, sol, la.

Le mode majeur

289 Le mode d'ut, dont les 3 premières notes forment tierce Majeure, a reçu le nom de mode Majeur.

290 Le mode majeur est un air formé par la succession des secondes dans l'ordre suivant : deux secondes Majeures, une seconde mineure, trois secondes majeures et une seconde mineure.

Le mode mineur

291 Le mode de la, dont les trois premières notes forment tierce mineure, a reçu le nom de mode mineur.

292 Le mode mineur est un air formé par la succession des secondes dans l'ordre suivant : une seconde Majeure, une seconde mineure, deux secondes Majeures, une seconde mineure, une seconde Maxime et une seconde mineure.

Phonomimie (par le professeur)

293 Voir nº 18 pour les exercices possibles par l'élève seul.

Lecture à vue

G. Ton Sol (d. 2) All.º (M 100)

294 ‖ 17 17 13 | 2 5 5 | 17 17 13 | 2 5 5 | 21 21 24 | 3 1 1 | 21 23 42 |
| 5 . . | 17 17 13 | 2 5 5 | 17 17 13 | 2 6 6 | 21 21 24 | 3 1 1 | 21 24 32 | 1 . . ‖

C. Ton Ut (d 6) All.º (M. 180)

295 ‖ i i | 5 3 4 6 | 54 32 1 23 | 4 3 2 1 | 56 54 5 i i | 5 3 4 6 |
| 54 32 1 i i | 2 34 7 5 | 1 . . 0 ‖ Rossini.

C. Ton Ut (d. 6) mi G. Ton Sol (d. 2) mi C. Ton Ut (d. 6)

296 ‖ 0 3 5 | 1 . i | (7 3) . 5 | 1 3 21 | 26 75 | (3 7) . 5 | i . 3 | 5 4 2 | 1 . . ‖

D. Ton Ré (d. 5)

297 [portée musicale, 2/4]

Duo

C. Ton Ut (d 6) M. 100

298
‖ 5 17 6 2 | 5 17 6 2 | 5 12 3 17 | 6 2 2 . | 5 17 6 2 |
‖ 3 . 4 . | 3 . 4 . | 3 34 5 3 | 4 . 76 54 | 3 . 4 . |

| 5 17 6 2 | 5 12 3 17 | 6 2 1 0 ‖ (Fin) 67 1 2 34 | 32 1 2 34 | 3 6 7 12 |
| 3 . 4 . | 3 34 5 3 | 4 . 3 0 ‖ 6 3 4 32 | 1 3 4 32 | 1 . 2 34 |

| 1 6 7 . | 67 1 2 34 | 32 1 2 34 | 3 6 7 12 | 1 7 6 0 ‖ %
| 3 6 5 . | 6 3 4 32 | 1 3 4 32 | 1 . 2 34 | 36 65 5 0 ‖

Vocalisation

299 Exécuter l'exercice suivant dans les divers tons de 1er Ton La min (ℓ. 6) à 8me Ton Mi min (ℓ. 2)

‖ 6 7 1 2 | 3 4 3 2 | 1 7 6 5 | 6 . ‖

L'Adieu des hirondelles.

300 Extrait de "L'Alouette", recueil de chants en musique chiffrée publiés à Anvers (Belgique) chez Mr Van Os de Wolf, Rue St Pierre et Paul, 2.

G. Ton Sol (ℓ. 2) (M. 110)

‖ 3 . 2 . | 1 7 6 5 5 | 1 1 2 2 | 3 . 0 3 4 | 5 5 5 4 3 |
‖ 5 . 4 . | 3 2 4 3 5 | 1 1 7 7 | 1 . 0 1 2 | 3 3 3 2 1 |

1 En avant! partons! Vers d'autres horizons! L'hiver arrive
2 Partons prestement! Ou le froid nous surprend! Le beau soleil tout
3 Adieu beau pays! Nous te laissons nos nids! Fidèles nous te
4 Soyez tous bénis! Nos bons et chers amis! Gardez nous votre

| 4 4 4 3 2 | 3 3 3 2 1 | 2 2 2 5 | 1 1 2 2 | 3 3 4 5 3 | 2 . 1 0 ‖
| 2 2 2 1 7 | 1 1 1 7 6 | 5 5 5 5 | 6 6 7 7 | 1 1 2 3 1 | 5 . 1 0 ‖

dans ces lieux Avec ses froids rigoureux. Fuyons, fuyons; fuyons vers d'autres parages.
radieux Se montre encor sous d'autres cieux Partons, partons, partons vers ces belles plages.
reviendrons, Avec les fleurs et les bourgeons. Adieu, Adieu, Adieu, à toi nos pensées.
souvenir, Nous reviendrons vous réjouir Au temps, à la saison où naissent les feuilles.

Exercices de mémoire

301 (d'après les indications du maître... Voir N° 27 pour les exercices possibles par l'élève seul.

Exercices graphiques

302 Transcrire en chiffres l'exercice suivant:

‖ 1 2 3 3 | 2 2 1 . |

303 Mettre sur portée l'exercice 295 en chiffres (clé Sol)

‖ i i | 5 3 4 6 | 5 4 3 2 | 1 2 3 |

12e Étape.

Intonation.

1er Ton La min. (ℓ. 6)

304 ‖ i . 3 6 i | : 2 : . 4 . 6 : 2 : | i . 3 6 . i | : 2 : . 4 . . 7 : 2 : | i ‖
‖ i . 3 6 3 | : 2 : . 4 . 6 . 4 . . | i . 3 6 3 | : 2 : . 4 . . 7 . . 4 . | i ‖
‖ i . 3 . i 6 | : 2 : . 4 . : 2 : 6 | i . 3 . i . 6 | . : 2 : . 4 . : 2 : 7 . | i ‖

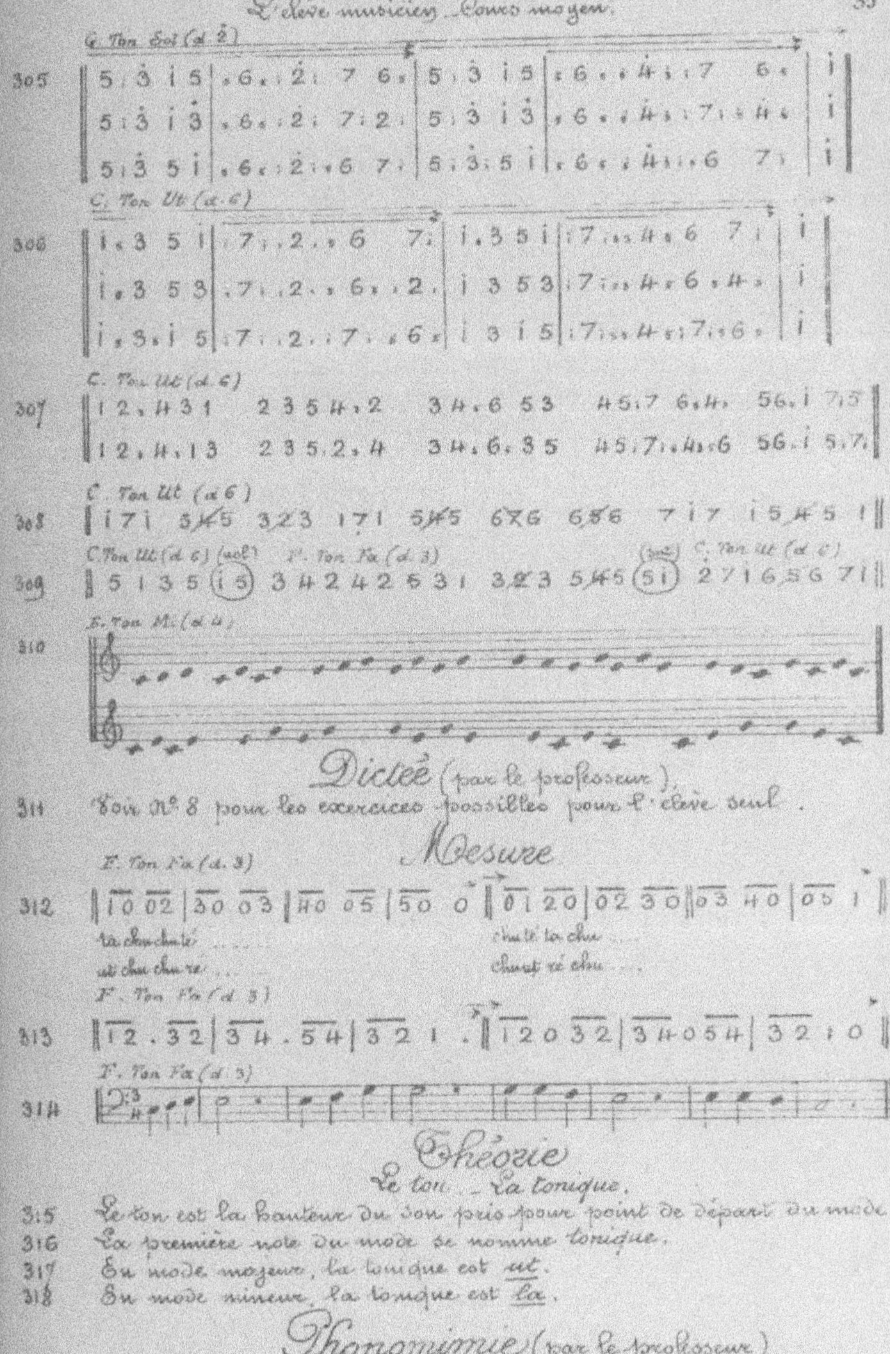

319 Voir n° 18 pour les exercices possibles pour l'élève seul.

Lecture à vue.

F. Ton Fa (d 3) Allº (M. 112)

320 ‖ i i i 7 i 2 | 3 3 3 2 3 4 | 5 3 1 5 | i 3 2 . | 5 6 7 i 2 2 | 7 i 2 3 4 4 | 3 3 i i | 7 i 2 3 i . ‖

E. Ton Mi (d. 4)

321 ‖ 5 | i . 3 | 6 5 #4 5 6 5 | 2 2 3 | i . 5 | i . 3 | 6 5 #4 5 6 5 | 2 2 3 | i . 3 2 | 6 6 3 2 |
| 7 7 3 2 | 6 6 i 7 | 5 . 3 2 | 6 6 3 2 | 7 7 3 2 | 6 6 i 7 | 5 . ‖ Fin Piccini

A. Ton La (d i) Modº (M. 100)

322 ‖ 3 . 3 3 | 5 . . 5 | 6 6 6 6 | i . 5 . | i . 3 i | 5 . i 5 | 3 3 6 4 | 2 . 0 0 | 3 . 3 3 | 5 . . 5 |
| 6 4 3 2 i 7 6 | 5 4 3 . | 3 . 2 i | 7 6 5 4 | 3 2 5 4 | 4 . 3 . | 3 . 2 i | 7 6 i 6 | 5 3 4 2 | i . 0 0 | 2 . . 7 |
| i . 0 0 | 2 . . 7 | i . 0 0 ‖

D. Ton Ré (d. 5) — A. Ton Do (d i) — D. Ton Ré (d 5)

323 ‖ 3 2 3 i | (5 i) . | i 7 i 6 | 3 . | 4 3 2 4 | 3 6 7 i | 7 6 | 7 . | (i 5) 6 | 5 4 3 2 | i . ‖

D. Ton Ré (d. 5)

324

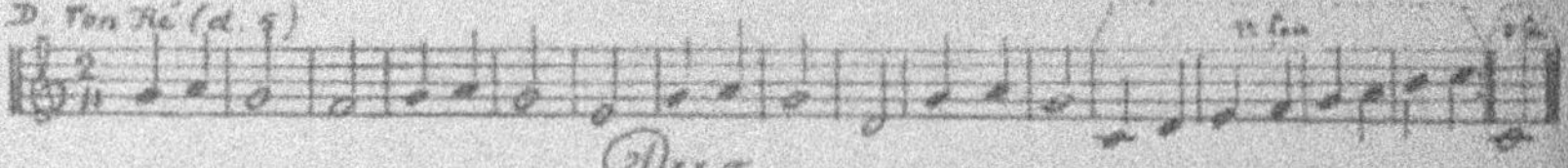

Duo

C. Ton Ut (d 6) (M. 120)

325 ‖ 5 6 5 . | 5 6 5 . | 5 6 7 i 2 i | i 7 . | 6 7 6 . | 6 7 6 . | 7 i 2 3 2 i | 7 2 6 2 2 |
‖ 3 . 3 | 4 . 4 | 3 . 3 | 2 . 5 | 5 . 5 | 4 . 4 | 5 . 5 | 6 . 4 |

| 5 6 5 i | 5 6 5 2 | 5 6 7 i 2 3 | 3 6 . | 7 i 7 2 | 6 7 6 i | 5 6 7 i 2 3 | i . 0 ‖
| 3 . 3 | 4 . 4 | 3 . 3 | 4 . 4 | 5 . 5 | 4 . 4 | 5 5 5 | 3 . 0 ‖

Vocalisation

326 Exécuter l'exercice suivant dans tous les tons de A. Ton La (d i) à E. Ton Mi (d. 4)

‖ i 2 3 4 5 6 7 i | 2 i 7 6 5 4 3 2 | i ‖

Au Clair de la lune

Musique de Lulli

C. Ton Ut (d G) (M 96)

327 ‖ i i i 2 | 3 2 | i 3 2 2 | i . | i i i 2 | 3 2 | i 3 2 2 | i . |
‖ 3 3 3 5 | i 5 | 3 5 4 5 | 3 . | 3 3 3 5 | i 5 | 3 5 4 5 | 3 . |

1er C. Au clair de la lune, Les travaux finis, Chacun et chacune, Rentrés au logis,
2e C. Au clair de la lune, On sert le repas, Une ardeur commune fait honneur aux plats
3e C. Au clair de la lune, Lorsqu'on s'est tout dit, C'est l'heure opportune Pour aller au lit.
4e C. Au clair de la lune, Sortant de leurs trous, Sans malice aucune Travaillant pour nous
5e C. Au clair de la lune, Il faut secourir, Ceux que l'infortune Fait pleurer gémir,

| 2 2 2 2 | 6 6 | 2 i 7 6 | 5 . | i i i 2 | 3 2 | i 3 2 2 | i . ‖
| 4 6 4 2 | 4 4 | 4 3 2 1 | 7 2 5 4 | 3 3 3 5 | i 5 | 3 5 4 5 | 3 . ‖

Tantôt y commentent L'incident du jour, Et tantôt y chantent, Heureux du retour.
Puis la causeri - e, Les joyeux propos, Tendre rêveri - e, Enfin le repos.
La porte bien close, Jusques au réveil chacun se repo - se, se livre au sommeil.
Hiboux et chouettes, Ducs et chats huants, Détruisent les bêtes qui pillent les champs
Lorsque la misè - re De tous fini - ra, Le bonheur sur terre alors règnera.

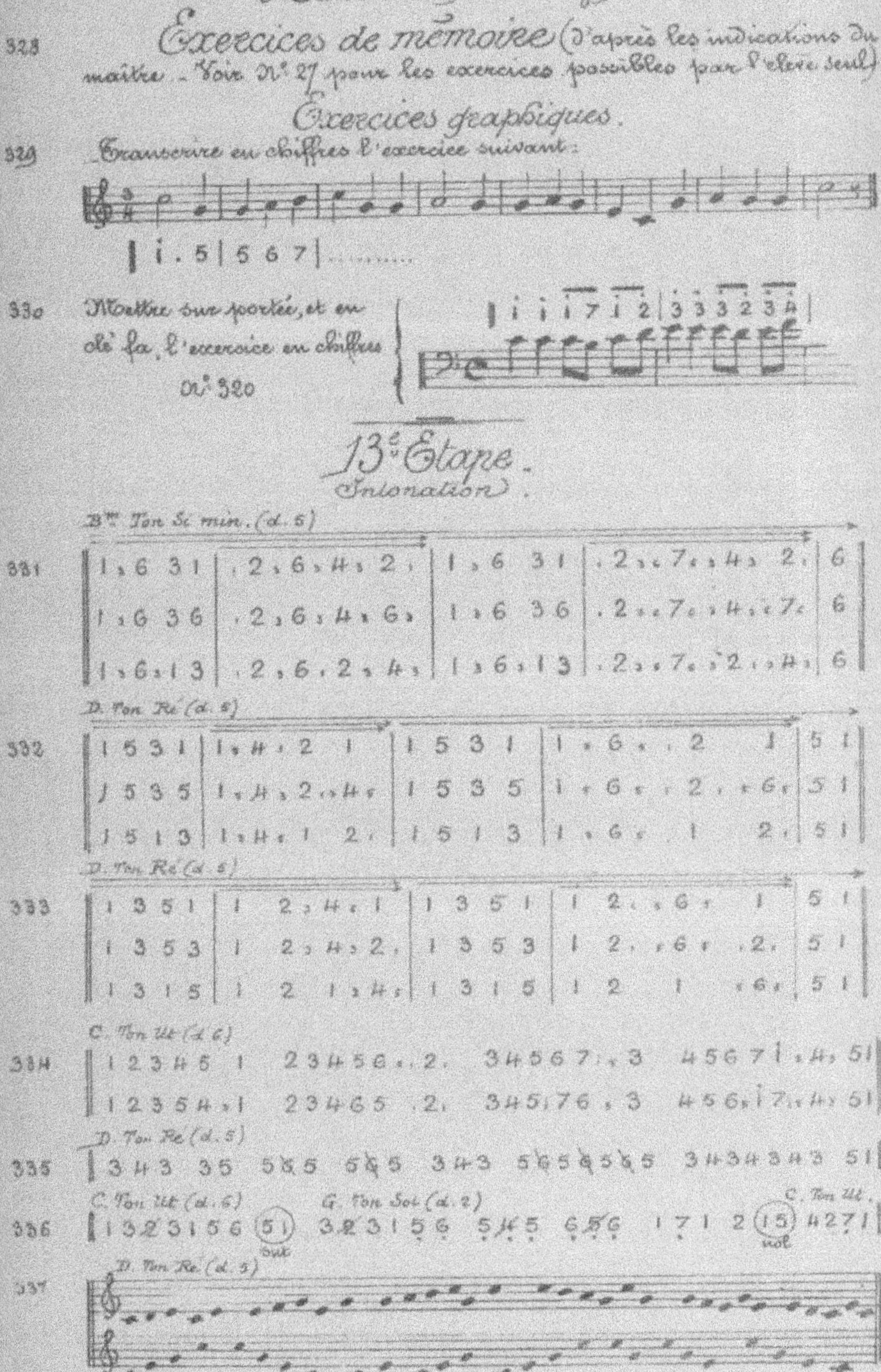
328 Exercices de mémoire (d'après les indications du maître _ Voir N° 27 pour les exercices possibles par l'élève seul)
Exercices graphiques.
329 _Transcrire en chiffres l'exercice suivant:
330 Mettre sur portée, et en clé fa, l'exercice en chiffres N° 320
13e Étape _
Intonation.
331 Bm Ton Si min. (d. 5)
332 D. Ton Ré (d. 5)
333 D. Ton Ré (d. 5)
334 C. Ton Ut (d. 6)
335 D. Ton Ré (d. 5)
336 C. Ton Ut (d. 6) G. Ton Sol (d. 2) C. Ton Ut.
ut sol
337 D. Ton Ré (d. 5)

338 # Dictée (par le professeur).

(Voir N° 8 pour les exercices possibles par l'élève seul)

Mesure

F. Ton Fa (d. 3)

339 ‖ 0 1 1 1 | 0 2 2 2 ‖ 0 3 3 3 | 4 5 5 ‖ 0 5 5 5 | 0 4 4 4 | 0 3 3 3 | 2 2 1 0 |

F. Ton Fa (d. 3)

340 ‖ 1 0 2 0 3 | 2 0 3 0 4 | 5 0 5 1 ‖ 1 0 0 2 3 0 | 2 0 0 3 4 0 | 5 0 0 5 1 0 ‖

F. Ton Fa (d. 3)

341 

Théorie

La mesure, le temps.

342 — La mesure est constituée par le retour périodique et régulier d'un son plus fort que les autres et que l'on nomme aussi parfois son jalon.

343 — La durée qui s'écoule entre deux sons forts consécutifs est une mesure.

344 — L'unité de durée se nomme temps.

345 # Phonomimie (par le professeur)

Voir N° 18 pour les exercices possibles par l'élève seul.

Lecture à vue.

F. Ton Fa (d 3) All° (M. 120) Léger.

346 ‖ 0 3 | 7 1 2 7 | 1 2 3 1 | 7 1 2 7 | 1 3 3 | 6 5 4 3 | 2 3 4 | 3 2 1 7 | 6 ‖ 6 6 |
| 7 1 2 7 | 1 3 6 6 | 7 1 2 7 | 1 6 1 3 | 2 1 7 6 | 3 3 4 | 5 5 4 3 | 2 2 2 3 | 4 4 3 2 |
| 1 1 1 2 | 3 3 2 1 | 7 0 3 ‖ Grétry

G. Ton Sol (d. 2) M. 144

347 ‖ 0 5 1 3 | 3 4 2 5 7 2 | 2 3 1 5 1 3 | 2 5 5 5 6 7 | 1 3 5 5 1 3 | 3 4 2 5 7 2 |
| 2 3 1 5 1 3 | 2 5 5 5 5 2 | 1 0 ‖ Mozart

F. Ton Fa (d. 3) Vivace (M. 160)

348 ‖: 5 5 6 5 4 | 5 1 . | 3 3 4 3 2 | 3 5 . | 1 2 3 4 5 6 | 6 . 7 | 4 5 7 6 4 2 | 1 5 . :‖ 1 . 0 ‖ Rossini

C. Ton Ut (d. 6) G. Ton Sol (d. 2) C. Ton Ut (d. 6).

349 ‖ 1 3 5 | (5 1) . . | 1 3 5 | (5 2) . . | 1 3 5 | 7 . 6 | 5 . 2 | 3 . . | 5 6 5 | 5 4 2 | 1 . . ‖

C. Ton Ut (d. 6) (M. 120)

350 

Duo

C. Ton Ut (d. 6) (M. 120)

351
5 1 1 3 3 5	5 . 1	1 . 7	7 6 6 5 5 4	4 . 6	3 . .	5 1 1 3 3 5
0 0 0	5 1 1 3 3 5	5 . 2	2 . .	7 2 2 4 4 6	6 . 5	5 . 0

5 . 1	3 . 2	1 7 7 6 6 5	5 . 5	1 . 0
5 1 1 3 5 5	1 . 5	3 . .	4 2 3 1 2 7	1 . 0

Vocalisation

352 Exécuter l'exercice ci contre dans tous les tons de C. Ton Ut (d 6) à G. Ton Sol (d. 2) { 1 7 1 2 | 3 2 3 4 | 5 4 3 2 | 1 0 ‖

La chanson du meunier

A. Ton la (d 1) M. 90. Gai

353 | mf 1 1 1 | 5 5 | 3 3 3 | 2 2 | 2 2 2 | 6 . | 7 6 7 |
| 3 3 3 | 3 3 | 5 1 1 | 5 5 | 4 4 4 | 4 . | 5 4 4 |

1° Sur la ri - viè re, Comme mon pè - re, Je suis meunier de mon mé-
2° Quand la nuit sombre Ramène l'ombre, dans mon moulin, sans nul cha-

| 1 . | 1 1 1 | 5 5 | 3 3 3 | 2 2 | 2 2 2 | 6 . | 7 6 7 | 1 . |
| 3 . | 3 3 3 | 3 3 | 5 1 1 | 5 5 | 4 4 4 | 4 . | 5 4 4 | 3 . |

tier. Toujours je chante l'âme contente Car mon moulin donne du pain,
grin. Dans le ta - pa - ge, de grand courage, jusqu'au ma - tin, Je dors fort bien.

| 2 4 3 2 | 5 5 | 5 2 3 4 | 3 2 1 | 0 FIN 5 5 | 5 5 5 5 | 5 0 5 5 |
| 5 6 5 6 | 7 5 | 3 4 5 6 | 5 4 3 | 0 4 4 | 3 3 4 4 | 3 0 3 3 |

de ma mécanique, j'aime la musique. Tourne, tourne mon moulin, tourne

| 5 5 5 5 | 5 0 5 5 | 6 6 2 2 | 5 5 1 2 | 1 7 6 7 | 1 0 0 ‖
| 3 3 4 4 | 3 0 3 3 | 4 4 4 4 | 3 3 3 3 | 3 4 4 4 | 3 0 0 ‖

tourne tourne bien, tourne tourne, tourne, tourne, tourne, tourne, tourne bien.

Exercices de mémoire

354 (d'après les indications du Maître _ Voir le N° 27 pour les exercices possibles par l'élève seul).

Exercices graphiques

355 Mettre en chiffres l'exercice suivant :

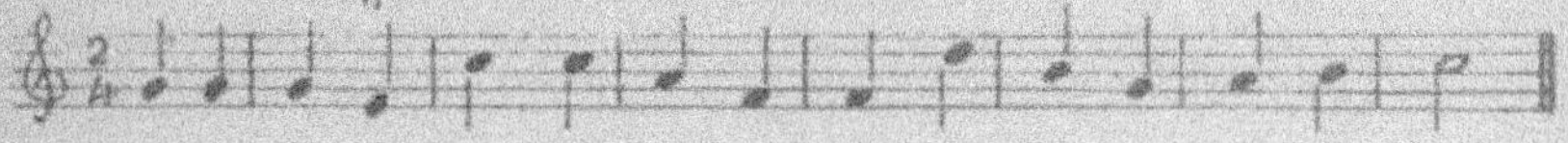

‖ 5 5 | 5 3 | .... | 1 . ‖

356 Transcrire sur portée l'exercice N° 346 ci-dessous

| 0 5 1 3 | 3 4 2 5 7 2 |

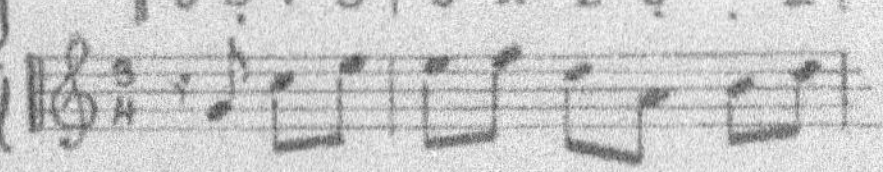

14e Étape

Intonation

Am. Ton la min. (d 6)

357 | 6 , 1 3 6 | 6 , 2 , , 4 , 6 | 6 , 1 3 6 | 7 , 2 , 4 , 7 | 6 |
| 6 , 1 3 1 | 6 , 2 , , 4 , 2 , | 6 , 1 3 1 | 7 , 2 , 4 , 2 , | 6 |
| 6 , 1 , 6 3 | 6 , 2 , , 6 , 4 , | 6 , 1 , 6 3 | 7 , 2 , 7 , 4 , | 6 |

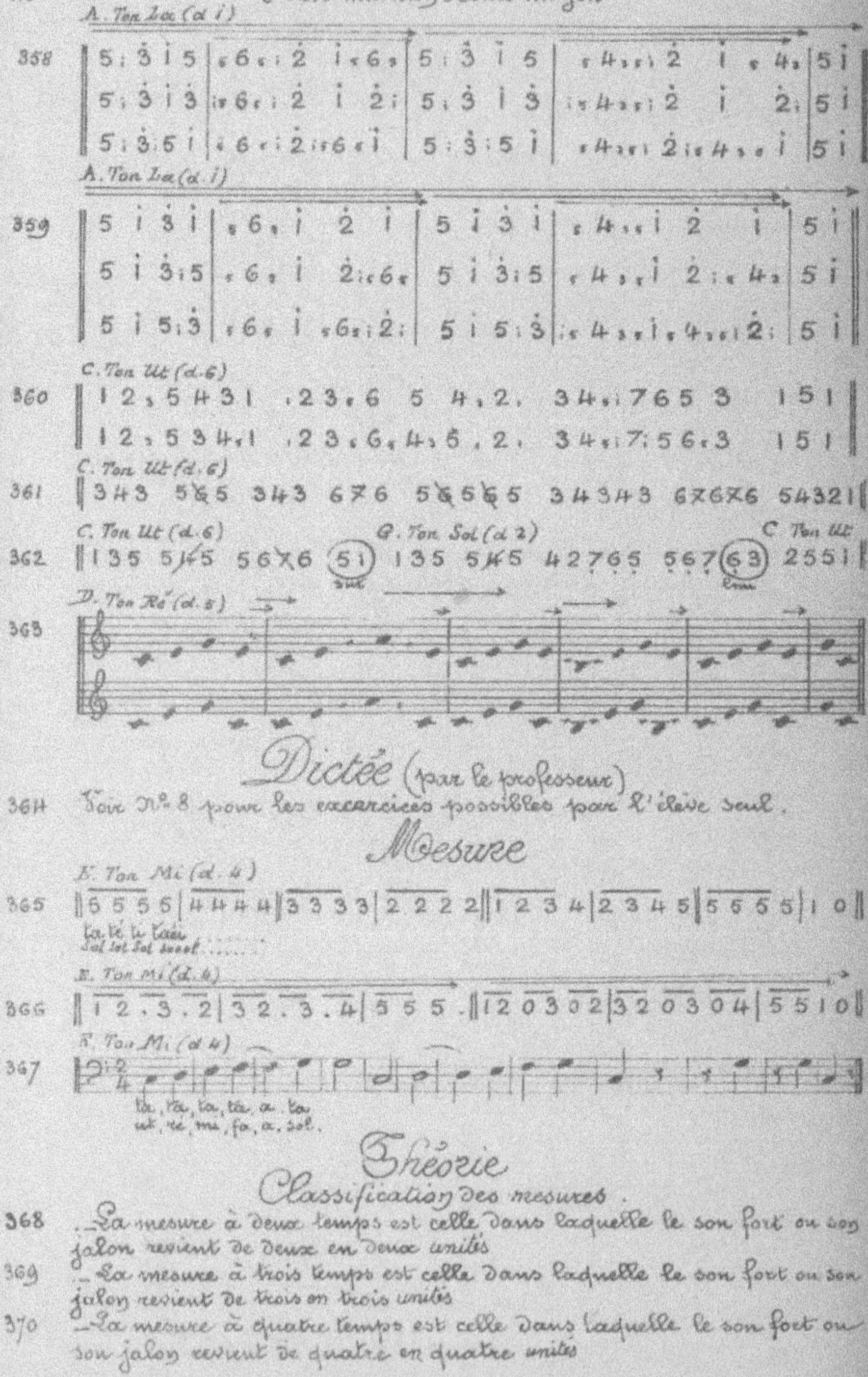
A. Ton La (d. i)
358
A. Ton La (d. i)
359
C. Ton Ut (d. 6)
360
C. Ton Ut (d. 6)
361
C. Ton Ut (d. 6)
G. Ton Sol (d. 2)
C. Ton Ut
362
D. Ton Ré (d. 5)
363
Dictée (par le professeur)
364 Voir N° 8 pour les exercices possibles par l'élève seul.
Mesure
E. Ton Mi (d. 4)
365
E. Ton Mi (d. 4)
366
E. Ton Mi (d. 4)
367
Théorie
Classification des mesures.
368 _ La mesure à deux temps est celle dans laquelle le son fort ou son jalon revient de deux en deux unités
369 _ La mesure à trois temps est celle dans laquelle le son fort ou son jalon revient de trois en trois unités
370 _ La mesure à quatre temps est celle dans laquelle le son fort ou son jalon revient de quatre en quatre unités

Phonomimie (par le professeur)

371 (Voir N° 18 pour les exercices possibles par l'élève seul.

Lecture à vue

E^m^ Ton Mi min. (d. 2)... And^te^. Lourdement.

372 ‖ 6 | 3 4 3 2 | 3 . 6 | 7 1 2 3 | 1 7 6 | 3 4 3 2 | 3 . 6 | 7 7 2 1 7 | 6 . ‖ Fin

| 6 | 5 6 5 4 | 3 . 6 | 7 1 2 3 | 1 7 6 | 5 6 5 4 | 3 . 6 | 7 7 2 1 7 | 6 . ‖ 𝄋

C. Ton Ut (d. 6) M. 120

373 ‖ 0 3 | 1 5 3 1 | 5 3 1 1 | 7 1 2 5 | 5 0 3 | 1 5 3 1 | 5 3 1 1 | 7 1 2 5 | 1 0 ‖ Méhul

C. Ton Ut (d. 6) M. 120

374 ‖ 1 3 5 1 | 7 6 5 6 | 2 4 6 2 | 6 5 4 5 | 1 3 5 1 | 7 6 5 2 | 1 7 6 5 3 5 | 4 2 5 1 ‖
mf

C. Ton Ut (d. 6)

375 ‖ 1 2 2 3 3 4 | 4 . 0 | 2 3 3 4 4 5 | 5 . 0 | 3 4 4 5 5 6 | 6 . 0 | 4 5 5 6 6 7 | 7 . 0 | 5 6 6 7 7 1 | 1 . 0 ‖

C. Ton Ut (d. 6) — G. Ton Sol (d. 2) — C. Ton Ut (d. 6)

376 ‖ 1 5 5 | 7 5 (5 1) sol | 7 5 7 5 | 2 1 (1 5) ut | 1 5 5 | 7 5 5 | 7 5 7 5 | 2 1 1 ‖

C. Ton Ut (d. 6) M. 100

377 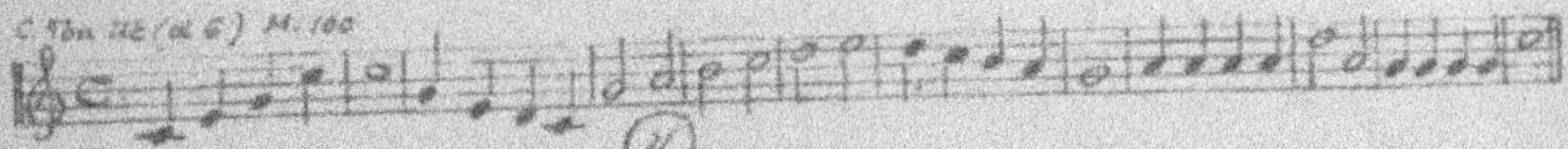

Duo

A. Ton Sol (d. 2) (M. 144)

378
| 3 3 . 4 | 3 4 5 . 1 | 2 2 . 3 | 2 3 4 . 7 | 1 1 . 7 6 5 | 1 1 . 7 6 5 |
| 1 1 . 2 | 1 2 3 . 1 | 7 7 . 1 | 7 1 2 . 5 4 | 3 . 2 4 | 3 . 2 4 |

| 1 2 3 . 4 5 6 | 2 . . 0 | 2 2 . 3 | 2 3 4 . 2 | 3 3 . 4 | 3 4 5 . 3 |
| 3 5 1 . | . 7 6 7 5 | 7 7 . 1 | 7 1 2 . 7 | 1 1 . 2 | 1 2 3 . 1 |

| 4 5 6 . 5 4 | 3 4 5 . 4 3 | 2 3 4 . 7 | 2 . 1 0 ‖
| 6 0 4 0 | 5 0 3 0 | 4 2 5 4 | 4 . 3 0 ‖

Vocalisation

379 Exécuter l'exercice ci-contre dans tous les tons de B^t^ Si min. (d. 5) à A^m^ Ton La m (d. 6) ‖ 6 7 | 1 2 3 | 3 2 1 | 1 7 6 6 | 6 . ‖

Mes Pinsons (air populaire languedocien).

A. Ton La (d. 1) M. 96.

380
| 0 0 5 | 1 1 3 2 | 1 1 1 2 | 3 . 3 3 | 2 . 2 3 | 4 . 4 4 | 3 3 1 3 | 2 2 7 |
| 0 0 5 | 3 3 5 4 | 3 3 3 5 | 1 . 1 1 | 7 . 7 1 | 2 . 2 2 | 1 1 1 5 | 5 5 5 |

1er C. J'avais dans leur cage, Nourri des pinsons, J'aimais leur ramage, Leurs douces chan-
2 C. Sur notre grand chêne Sont-ils réunis? Aux branches du frêne Font-ils donc leurs
3 C. La nuit la chouette Va fondre sur eux! La bu-se les guette C'est bien doulou-
4 C. Ah! dans la chaumière, Allez mes pinsons, Là bas une mère n'a plus ses gar-

| 1 . 0 5 | 1 1 3 2 | 1 1 1 2 | 3 . 3 3 | 2 . 2 3 | 4 . 4 4 | 3 3 1 3 | 2 . 7 | 1 . 0 ‖
| 3 . 0 5 | 3 3 5 4 | 3 3 3 5 | 1 . 1 1 | 7 . 7 1 | 2 . 2 2 | 1 1 1 5 | 5 . 5 | 3 . 0 ‖
mf

sons Par la porte ouverte Hélas! envolés! Je pleure leur perte! où sont ils allés?
nids. Qui viendra leur tendre des grains tout pilés? Leur bec est si tendre! où sont ils allés?
reux! Pour leur exis-tence, De-gés cui-lés. Ils sont sans défense! Où sont ils allés?
çons A l'atroce guerre Ils sont immolés! Ravis à leur mère! Où sont ils allés?

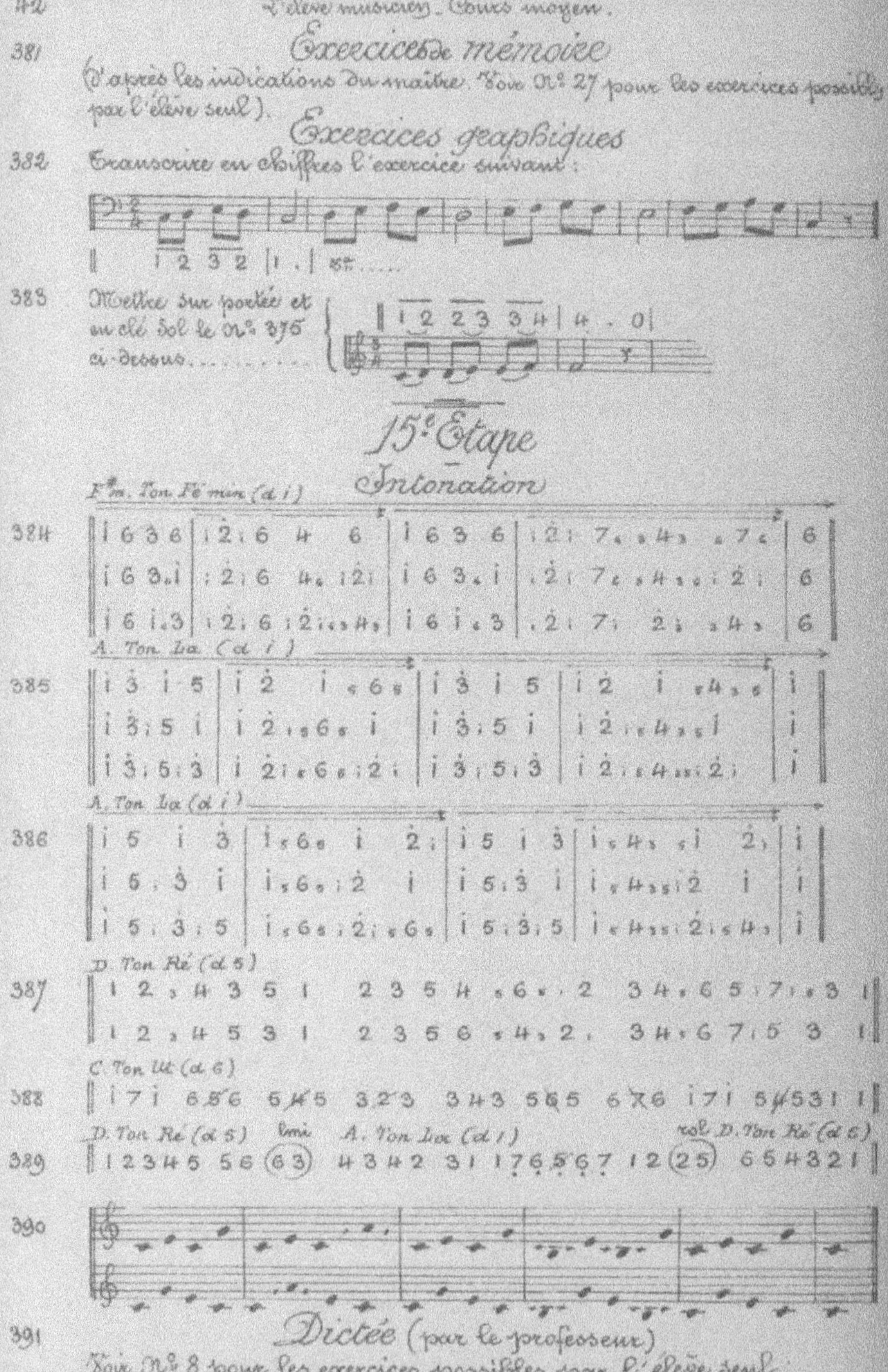

381 Exercices de mémoire

(d'après les indications du maître. Voir N° 27 pour les exercices possibles par l'élève seul).

Exercices graphiques

382 Transcrire en chiffres l'exercice suivant :

| 1 2 3 2 | 1 . | &c.....

383 Mettre sur portée et en clé Sol le N° 375 ci-dessous..........

| 1 2 2 3 3 4 | 4 . 0 |

15e Étape

Intonation

F m. Ton Fé min (d 1)

384

A. Ton La (d 1)

385

A. Ton La (d 1)

386

D. Ton Ré (d 5)

387

C. Ton Ut (d 6)

388

D. Ton Ré (d 5) lmi A. Ton La (d 1) sol D. Ton Ré (d 6)

389

390

391 Dictée (par le professeur)

Voir N° 8 pour les exercices possibles par l'élève seul.

Mesure

F. Ton Fa (d 3)

392 ‖ 0 1 1 | 0 2 2 ‖ 0 3 3 | 0 4 5 ‖ 0 5 4 | 0 3 3 ‖ 0 2 2 | 0 1 1 ‖

F. Ton Fa (d 3)

393 ‖ 1 2 3 4 3 2 2 3 4 | 5 . 0 ‖ 5 6 5 4 3 2 3 4 5 | 1 . 0 ‖

394

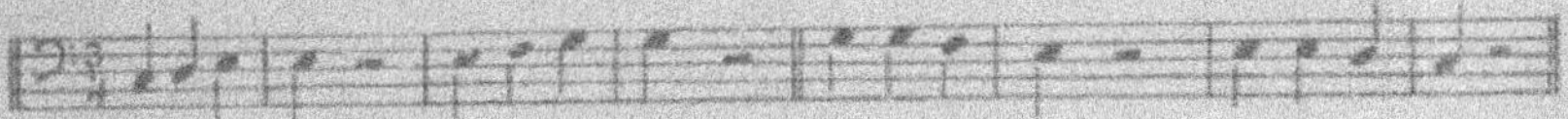

Théorie

Notation du temps fort

395 _ On sépare les mesures les unes des autres par une petite barre verticale, appelée barre de mesure : | | | |

396 _ Le temps fort se trouve placé sur la note qui suit immédiatement la barre de mesure.

| 1 2 | 3 4 | 5 4 |

Dans cet exemple, le temps fort se trouve sur les notes 1. 3. 5.

Phonomimie (par le professeur)

397 Voir N° 18 pour les exercices possibles par l'élève seul.

Lecture à vue

D. Ton Ré (d 5) (M 120)

398 ‖ 5 . 6 | 5 . 1 | 7 . 6 | 5 . | 6 . 5 | 4 . 2 | 5 . 4 | 3 . | 5 . 3 | 5 . 1 |
| 7 . 6 | 5 . | 6 . 7 | 1 . 3 | 4 . 5 | 1 . ‖

A. Ton La (d 1) Modto (M. 120)

399 ‖ 1 5 | 3 1 | 2 3 4 3 2 1 | 2 5 | 1 7 | 6 2 | 3 2 1 7 | 6 5 | 1 5 | 3 4 | 2 7 |
| 5 6 | 3 2 1 7 6 5 | 4 3 4 5 4 5 | 6 5 6 7 6 7 | 1 5 3 1 ‖

C. Ton Ut (d 6) _ D. Ton Ré (d 5) _ E. Ton Mi (d 4) Vocalisation

400 ‖ 1 7 6 5 6 0 | 7 6 5 4 5 0 | 6 5 4 3 4 0 | 5 4 3 2 3 0 | 4 3 2 1 2 0 |
| 3 2 1 7 1 0 ‖

C. Ton Ut (d 6) sol G. Ton Sol (d 2) la C. Ton Ut (d 6)

401 ‖ 1 7 | 1 2 3 4 | (5 1) 1 | 7 1 | 7 6 5 6 | 7 1 | (2 6) 6 | 5 6 5 6 | 5 5 | 1 . ‖

F. Ton Fa (d 3) M 120

402

Duo

F. Ton Fa (d 3) M 144.

403 ‖ 3 3 . 4 | 6 5 5 . 3 | 5 4 4 . 2 | 2 3 1 . 2 | 3 3 . 4 | 6 5 5 . 3 | 5 4 4 . 2 |
‖ 1 1 . 2 | 4 3 3 . 1 | 3 2 2 . 5 | 5 1 3 . 5 | 1 1 . 2 | 4 3 3 . 1 | 3 2 2 . 5 |

| 2 1 1 0 ‖ Mozart
| 5 3 3 0 ‖

Vocalisation

404 Exécuter l'exercice suivant dans les divers tons de C Ton Ut (d 6) à G. Ton Sol (d 2) ‖ 1 2 3 2 | 1 0 | 2 3 4 3 | 2 . | 3 4 5 4 | 3 . | 5 4 3 2 | 1 . ‖

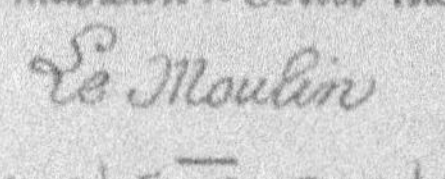

1er Ton Fa (à 3) (M110)

405
| 5 . 6 5 4 | 3 2 1 0 | 5 . 6 5 4 | 3 2 1 0 5 | 3 . 2 1 5 |
| 3 . 4 3 2 | 1 7 1 0 | 3 . 4 3 2 | 1 7 1 0 3 | 1 . 7 1 3 |

1er Tourne, tourne mon moulin. Tourne, tourne mon moulin pour moudre en
2e Quand le grain sort du moulin, Quand le grain sort du moulin, fa-ri-ne bien
3e Tous, hélas! n'ont pas de pain! Tous, hélas! n'ont pas de pain! Mi-sé-re, a

| 3 . 2 1 5 5 5 | 5 4 3 2 5 | 1 . . 0 ||
| 1 . 7 1 3 3 3 | 3 2 1 7 7 | 1 . . 0 ||

Extrait de "La Gymnastique du premier âge" de Jules Guillaume (Librairie Européenne, 45, Rue de la Régence - Bruxelles.

pou-dre Pour moudre en poudre notre grain.
fi-ne De la fa-ri-ne on fait du pain.
mi-re, Ah! que chacun mange à sa faim!

Les Présents des Saisons.

Ton Mi♭ (à 5)

406
| 0 0 5 . 4 | 3 3 4 2 | 3 1 6 . 5 | 4 4 4 3 | 2 . 4 . 3 |
| 0 0 3 . 2 | 1 1 2 7 | 1 1 4 . 3 | 2 2 2 1 | 7 . 2 . 1 |

1er C. Ô printemps! tes fleurs naissantes, Tes li-las, tes gazons verts Tes cou-
2e C. En é-té, le ciel déploi-e De splendi-des ho-ri-zons. Le so-
3e C. En autom-ne l'on recueille les doux fruits aux couleurs d'or. Mais hé-
4e C. En hiver, dans la famille, chacun vient heureux s'asseoir, devant
5e C. Ô saisons! Quelles ri-chesses! Fleurs et fruits, aimables dons, Pour fê-

| 2 2 5 . 4 | 4 3 3 6 . 7 | i 4 3 2 | 1 . 0 0 ||
| 7 7 3 . 2 | 2 1 1 4 . 2 | 3 2 1 7 | 1 . 0 0 ||

leurs éblou-issan-tes Réjou-issent l'uni-vers!
leil donne la joi-e Et partout riches moissons!
las! l'arbre s'ef-feuil-le Beau so-leil, oh! brille encor!
l'âtre qui pé-til-le. L'a-ve-nir est plein d'espoir.
ter telles lar-ges-ses Tous ensemble nous chantons.

Exercices de mémoire

407 (D'après les indications du professeur. - Voir N° 27 pour les exercices possibles par l'élève seul.)

Exercices graphiques.

408 Transcrire en chiffres l'exercice suivant:

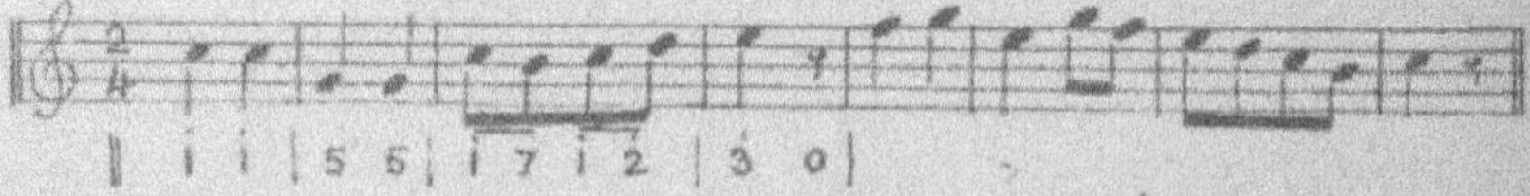

|| i i | 5 5 | i 7 i 2 | 3 0 |

408 Mettre sur portée et en clé sol l'exercice N° 399 ci-dessus

|| i 5 | 3 1 | 2 3 4 3 2 1 | 15t

16e Étape

Intonation

Ier Ton Fa min. (d i)

409

6 3 6 i	6 , 4 , 6 , 2 i	6 3 6 i	, 7 i , , 4 , , 7 i 2 ,	6
6 3 , i 6	6 , 4 , , 2 , 6	6 3 , i 6	, 7 i , , 4 , , 2 , 7 ,	6
6 3 , i , 3	6 , 4 , , 2 , , , 4 ,	6 3 , i , 3	, 7 i , , 4 , , 2 , , , 4 ,	6

D. Ton Ré (d 5)

410

5 3 1 5	, 4 , 2 1 , 4 ,	5 3 1 5	, 6 , , 2 1 , 6 ,	1
5 3 1 3	, 4 , 2 1 2 ,	5 3 1 3	, 6 , , 2 1 2 ,	1
5 3 5 1	, 4 , 2 , , 4 , 1	5 3 5 1	, 6 , , 2 , , 6 , 1	1

D. Ton Ré (d 5)

411

5 1 3 5	, 4 , 1 2 , 4 ,	5 1 3 5	, 6 , 1 2 , , 6 ,	1
5 1 3 1	, 4 , 1 2 1	5 1 3 1	, 6 , 1 2 1	1
5 1 5 3	, 4 , 1 , 4 , 2 ,	5 1 5 3	, 6 , 1 , 6 , , 2 ,	1

C. Ton Ut (d 6)

412 ‖ 1 3 5 4 , 2 1 2 , , 4 , 6 5 3 2 3 5 , 7 6 , 4 3 , i , ‖
1 3 5 , 2 , 4 , 1 2 , 4 , 6 , 3 5 , 2 3 5 , 7 , , 4 , 6 , 3 , i , ‖

A. Ton La (d 1)

413 ‖ i 7 i i 7 7 ø 7 7 ø 7 7 i i 7 i 7 ø 7 7 ø 7 7 i 2 i 7 i ‖

C. Ton Ut (d 6) fa G. Ton Sol (d 2) fut C. Ton Ut (d 6)

414 ‖ i 5 6 3 5 2 6 (6 2) 3 1 2 7 1 6 2 5 5 7 2 (4 1) 7 2 6 7 5 2 i ‖

E. Ton Mi (d 4)

415

Dictée (par le professeur)

416 Voir N° 8 pour les exercices possibles pour l'élève seul.

Mesure

E. Ton Mi (d 4)

417 ‖ 5 5 5 5 | 4 4 4 4 ‖ 3 3 3 3 | 2 2 2 2 ‖ 1 2 3 4 | 5 5 5 5 ‖ i i i i i i | 1 0 ‖
taa tatéti taa tatéti
sooo ... faaa ....

Ent Ton Mi min. (d 2)

418

Théorie

Écriture de la mesure. - Notation de Galin.

419 - Dans un air il y a des sons articulés, des prolongations de son et des silences.

420 .. Les sons articulés sont exprimés par les chiffres.
421 .. La prolongation est indiquée par un point.
422 .. Le silence est indiqué par un zéro.
423 .. Chaque signe isolé représente un temps.
424 .. En comptant les signes isolés compris entre deux barres de mesure, on a le nombre de temps de la mesure.

425 **Phonomimie** (par le maître)
Voir N° 18 pour les exercices possibles par l'élève seul.

Lecture à vue.

C. Ton Ut (d 6)
426 ‖ 1 2 2 3 4 | 5 5 6 7 1̇ | 5 . 0 | 1̇ 7 6 5 4 | 3 5 4 3 2 | 1 0 0 ‖

C. Ton Ut (d 6) M. 144.
427 ‖ 1 . 2 1 2 3 | 1 . 0 0 | 3 3 5 4 3 4 | 5 . 3 0 | 1̇ 1̇ 2̇ 1̇ 7 6 | 5 . 4 3 |
| 2 2 3 2 3 4 | 2 . . 3 4 2 | 1 . 2 1 2 3 | 1 . 0 0 | 3 3 5 4 3 4 | 5 . 3 0 | 1̇ 1̇ 2̇ 1̇ 7 6 |
| 5 . 4 3 | 2 2 2 1 2 3 | 1 . 0 0 ‖ Haydn

D. Ton Ré (d 3)
428 ‖ 1 7 6 3 2 3 | 5 #4 5 2 | 2 #1 2 4 3 4 | 6 5 #4 5 | 3 2 3 5 #4 5 | 1 7 1 2 #1 2 |
| 4 3 4 6 5 6 | 1 7 1 3 2 3 | 5 #4 5 4 2 7 | 1 . ‖

F. Ton Fa (d 3)
429 ‖ 1 . 5 | 3 . 1 | 2 . 4 | 2 . 7 | 1 . 3 | 6 . 4 | 3 . 2 | 1 . ‖ FIN 3 . 4 | 5 . 1 | 3 . 4 | 5 . |
| 3 . 5 | 1 . 3 | 6 . 2 | 7 . | 2 . 1 | 7 . 2 | 1 . 7 | 6 . 0 | 7 . 2 | 5 . 1 | 7 . 6 | 5 . ‖ Rodolphe.

430 ‖ C. Ton Ut (d 6) sol: 5 6 5 3 (1 5) | F. Ton Fa (d 3) sol: 5 6 5 3 (2 5) | C. Ton Ut (d 6) sol: 5 6 5 2 (2 5) | G. Ton Sol (d 2) sol: 5 6 5 3 (1 5) | C. Ton Ut (d 6): 5 6 7 1̇ . ‖

G. Ton Sol (d 2)
431

Duo

Cᵗʳ Ton Ut min. (d 4) M. 100

432
‖ 3 . | 4 . | . 3 2 | 1 6 | . 5 4 | 3 1̇ | . 7 6 | 5 6 7 | 3 . | 4 . | . 3 2 |
‖ 0 0 | 0 6 | 5 . | 6 . | 7 . | 1 . | 2 . | 3 4 2 3 | 1 0 | 0 6 | 5 . |

| 1 6 | . 5 4 | 3 4 5 6 | 2 5 | 1 0 | 3 6 | 5 2 3 | 4 . | . 3 | . 2 1 | 7 1 | . 2 |
| 6 . | 7 . | 1 . | . 7 | 1 0 | 1 . | 7 . | 6 2 1 | 7 1 | 4 . | . 3 | 6 7 6 |

| 3 0 | 7 3 2 | 1 4 | 2 5 4 | 3 4 | . 3 2 | 1 2 3 4 | 7 3 | 6 0 ‖
| 5 0 | 5 . | 6 . | 7 . | 1 6 | 5 . | 6 . | . 5 | 6 0 ‖

Vocalisation

433. Exécuter l'exercice ci contre dans tous les tons de C. Ton Ut (d 6) à G. Ton Sol (d 2) ..... { 5 6 5 4 3 2 | 1 7 1 2 3 4 | 5 . . ‖

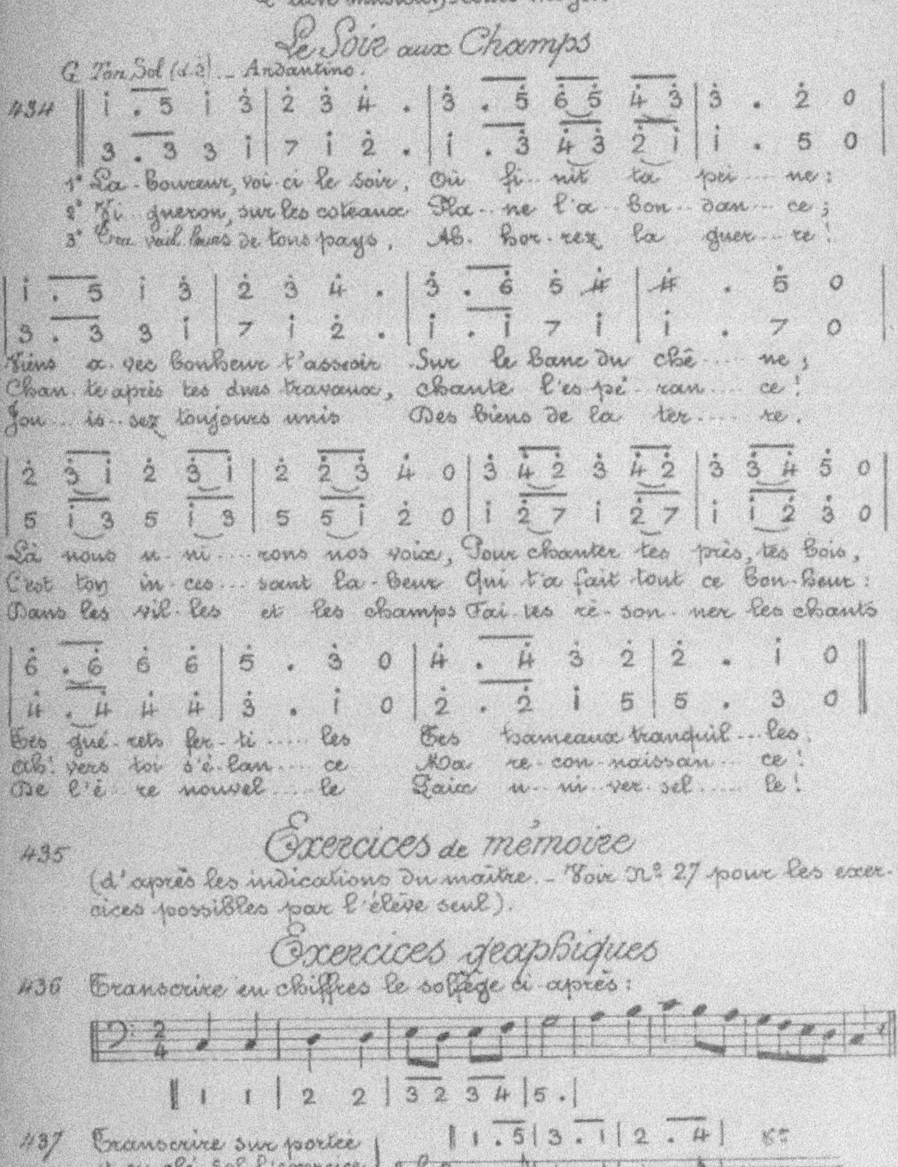
Le Soir aux Champs
Ton Sol (2/4). Andantino.
434
1° Laboureur, voici le soir, Où finit ta peine;
2° Vigneron, sur les coteaux Plane l'abondance;
3° Travailleurs de tous pays, Abhorrez la guerre!
Viens avec bonheur t'asseoir Sur le banc du chêne;
Chante après tes durs travaux, chante l'espérance!
Jouissez toujours unis Des biens de la terre.
Là nous unirons nos voix, Pour chanter tes près, tes bois,
C'est ton incessant labeur Qui t'a fait tout ce bonheur:
Dans les villes et les champs Faites résonner les chants
Tes guérets fertiles Tes hameaux tranquilles.
Ah! vers toi s'élance Ma reconnaissance!
De l'ère nouvelle Paix universelle!
435 Exercices de mémoire
(d'après les indications du maître. Voir N° 27 pour les exercices possibles par l'élève seul).
Exercices graphiques
436 Transcrire en chiffres le solfège ci-après:
437 Transcrire sur portée et en clé Sol l'exercice 429 ci-dessus

17e Étape

Intonation

G^m. Ton Sol mineur (d 7)

438
3 . 1 6 3	4 . 1 2 6 . 4	3 . 1 6 3	4 . 2 7 . 4	6
3 . 1 6 1	4 . 2 6 . 2	3 . 1 6 1	4 . 2 7 2	6
3 . 1 . 3 6	4 . 2 . 4 . 6	3 . 1 . 3 6	4 . 2 . 4 . 7	6

G^m. Ton Sol mineur (d 7)

439
3 6 1 6	4 . 6 . 2 6	3 6 1 6	4 . 7 2 7	6
3 6 1 . 3	4 . 6 . 2 . 4	3 6 1 . 3	4 . 7 2 . 4	6
3 6 3 . 1	4 . 6 . 4 . 2	3 6 3 . 1	4 . 7 . 4 . 2	6

C. Ton Ut (d 6)

440
5 3 5 1	4 . 2 . 4 . 1	5 3 5 1	6 . 2 . 6 . 1	1
5 3 . 1 5	4 . 2 1 . 4	5 3 . 1 5	6 . 2 1 . 6	1
5 3 . 1 . 3	4 . 2 1 . 2	5 3 . 1 3	6 . 2 1 . 2	1

C. Ton Ut (d 6)

441
| 1 3 4 5 . 2 1 , 2 . 4 5 6 . 3 2 , 3 5 6 7 . 4 3 | 1 |
| 1 3 4 . 2 . 5 1 , 2 . 4 5 3 . 6 . 2 , 3 5 6 . 4 . 7 . 3 | 1 |

A. Ton La (d 1)

442 | 1 7 6 7 1 7 6 5 6 7 6 5 4 5 6 5 6 5 4 5 6 7 6 5 6 7 1 7 6 7 1 |

C. Ton Ut (d 6) G. Ton Sol (d 2) B♭. Ton Si♭ (d 7) F. Ton Fa (d 3) C. Ton Ut (d 6)

443 | 1 7 6 5 (5 1) 7 6 5 (6 3) 4 3 2 5 5 6 5 6 (7 3) 4 3 2 (5 1) 2 1 7 1 |

D. Ton Ré (d 5)

444

Dictée (par le professeur)

445 (Voir N° 8 pour les exercices possibles pour l'élève seul.

Mesure.

E. Ton Mi (d 4)

446 | 5 6 5 5 6 5 | 4 . | 4 5 4 4 5 4 | 3 . | 2 3 2 2 3 2 | 1 0 |

taéi aéi / faaa aaa … taéi aéi / miii iii … taéi chuuu / uuutchuuu

F. Ton Fa (d 3)

447 | 1 1 1 2 2 2 3 3 3 4 4 4 | 5 . . . | 5 5 5 4 4 4 3 3 3 2 2 2 | 1 0 0 0 |

E. Ton Mi (d 4)

448

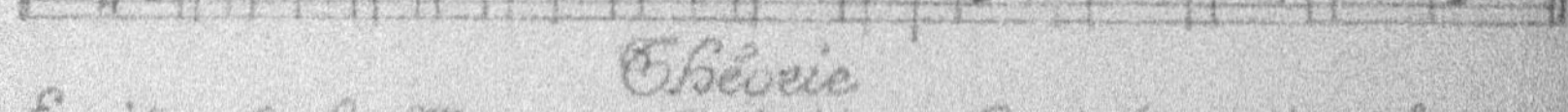

Théorie

449 Écriture de la Mesure. Notation de Galin (suite). Quand le temps est divisé par deux, on place les deux notes, chiffres, point ou zéro, représentant les deux moitiés du temps sous un trait horizontal. Ex: | 1 1 | 1 0 | 0 1 | . 1 |

Phonomimie (par le professeur)

450 Voir nº 18 pour les exercices possibles par l'élève seul.

Lecture à vue

G. Ton Sol (d. 2) M. 200. très vif

451 mf 3 . 4 5 | 5 4 3 2 | 1 . 2 3 | 3 . 2 2 . | 3 . 4 5 | 5 4 3 2 | 1 . 2 3 | 2 . 1 1 . |
| 2 . 3 1 | 2 3 4 3 1 | 2 3 4 3 2 | 1 2 5 3 | . 3 4 5 | 5 4 3 2 | 1 . 2 3 | 2 . 1 1 . || Beethoven

F. Ton Fa (d 3) – Andte (M. 92)

452 p 5 1 3 | 5 6 3 5 4 | 5 7 2 | 3 1 3 2 6 5 4 6 7 | 5 1 3 | 5 6 3 5 4 | 5 7 2 | 3 1 3 2 6 5 4 6 7 | 1 . 0 ||

F. Ton Fa (d 3) Andante (M. 92)

453 | 5 1 2 3 5 | 4 3 2 1 5 | 1 7 1 2 1 2 3 1 3 | 2 5 5 | 5 1 2 3 6 | 5 4 3 2 6 |
| 6 5 4 3 2 3 5 4 2 | 1 . . Fin || 2 2 2 | 3 2 1 2 5 | 3 3 3 | 4 3 2 3 6 | 5 . 4 | 5 . . ||

C. Ton Ut (d 6) G. Ton Sol (d 2) Bb Ton Sib (d 7) F. Ton Fa (d 3) C. Ton Ut (d 6)

454 | 1 5 6 7 | (5 1) . | 1 5 6 7 | (5 3) 3 | 3 2 1 2 | 3 1 | (5 1) 2 1 7 | 1 3 | (5 1) 7 | 1 . ||

sol · sol · sol · sol

E. Ton Mi (d. 2)

455 [portée]

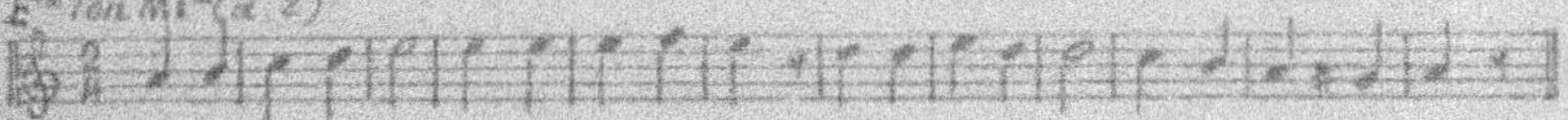

Duo

Bb Ton Sib (d 7) Allº (M. 120)

456 mf
| 1 5 3 1 3 5 | 1 5 3 1 3 5 | 1 7 1 2 1 2 | 3 1 | 1 5 3 1 3 5 | 1 5 3 1 3 5 | 1 7 1 2 3 2 |
| 1 1 | 1 1 | 3 2 3 4 3 4 | 5 3 | 1 1 | 1 1 | 3 2 3 4 5 4 |

| 1 . Fin || 2 3 1 2 | 2 3 1 2 | 5 6 7 1 2 3 | 4 3 2 3 | 2 3 1 2 | 2 3 1 2 | 5 6 7 1 2 3 | 4 3 2 5 ||
| 3 . Fin || 5 5 6 7 | 5 5 6 7 | 5 6 7 1 | 2 1 7 1 | 5 5 6 7 | 5 5 6 7 | 5 6 7 1 | 2 1 7 7 6 5 ||

Vocalisation

457 Exécuter l'exercice ci-contre dans tous les tons de A La (d 1) à E Mi (d 4) { 1 3 5 1 5 3 | 1 3 5 1 5 3 | 1 . 0 ||

Les Oiseaux du printemps.

E. Ton Mi (d 4) allegretto M. 126

458 f
| 1 . 3 5 1 | 6 1 6 5 . | 4 . 5 3 1 | 2 . 1 0 || 5 5 4 4 | 3 5 3 2 . |
| 1 . 1 3 3 | 4 6 4 3 . | 2 . 7 1 1 | 5 . 1 0 || 3 3 2 2 | 1 3 1 5 . |

1 Les voici, les voi-ci tous! Quels bruyants rama-ges! Que de sons charmants et doux!
2 Ac-courez petits oi-seaux, Rossignols fauvet-tes, Linots, pinsons, étourneaux!
3 Soyons gais, vivons comme eux En bonne harmoni-e! Ré-pétons leurs airs joyeux

| 5 5 4 4 | 3 5 3 2 . | f 1 . 3 5 1 | 6 1 6 5 . | 4 . 5 3 1 | 2 . 1 0 ||
| 3 3 2 2 | 1 3 1 5 . | 1 . 1 3 3 | 4 6 4 3 . | 2 . 7 1 1 | 5 . 1 0 ||

Que de concerts, que de chants Pour annoncer le printemps A nos verts boca-ges!
Vous ins-pi-rez la gaî-té, Le bonheur, l'acti-vi-té, Par vos chansonnet-tes.
Et leurs fo-lâtres chansons! En bons frères, pro-fi-tons Des biens de la vi-e.

Exercices de mémoire

459 (d'après les indications du maître. Voir Nº 27 pour les exercices possibles par l'élève seul).

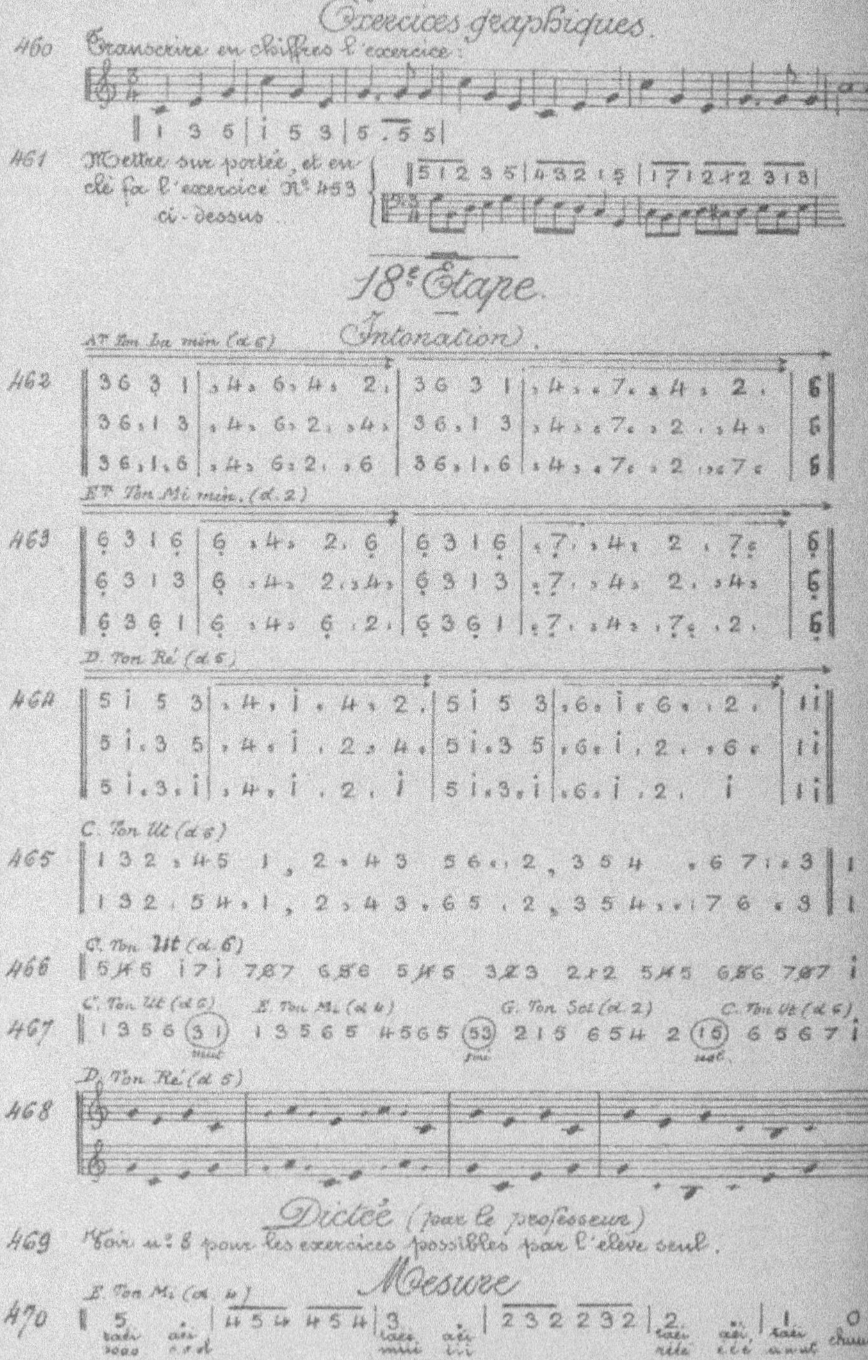
Exercices graphiques.
460 Transcrire en chiffres l'exercice :
461 Mettre sur portée, et en clé fa l'exercice N° 453 ci-dessus
18e Étape.
Intonation.
A. Ton La min. (d. 6)
462
E. Ton Mi min. (d. 2)
463
D. Ton Ré (d. 5)
464
C. Ton Ut (d. 6)
465
C. Ton Ut (d. 6)
466
C. Ton Ut (d. 6)
E. Ton Mi (d. 4)
G. Ton Sol (d. 2)
C. Ton Ut (d. 6)
467
D. Ton Ré (d. 5)
468
Dictée (par le professeur)
469 Voir n° 8 pour les exercices possibles par l'élève seul.
Mesure
E. Ton Mi (d. 4)
470

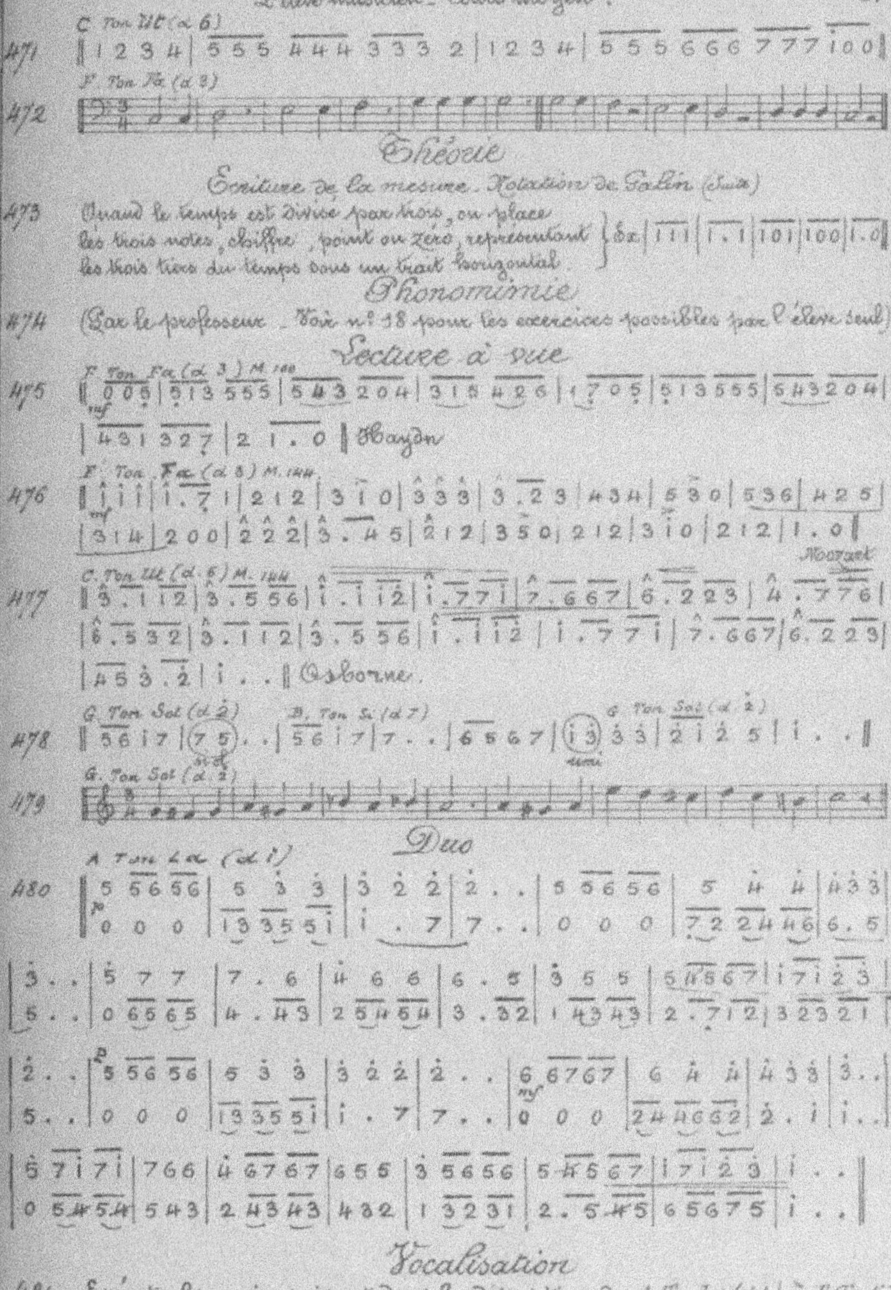

Vocalisation

481 Exécuter l'exercice suivant dans les divers tons de A. Ton La (α 1) à E. Ton Mi (α 4)

|1 3 3 5 5 1̇|1̇ 5 5 3 3 1|1 . 0|

Exercices pour l'application des paroles à la musique

482 Exercices pour l'application des paroles à la musique. - Utilisation des exercices d'intonation. - Voir l'instituteur musicien N° 482.

L'Abeille

C. ton Ut (à 6). Moderato M. 96

483
| 5 3 1 5 | 6 . 5 0 | 3 1 7 1 3 | 2 . . 0 | 5 3 1 5 | 6 . 5 0 |
| 3 1 3 3 | 4 . 3 0 | 5 6 5 3 1 | 5 . . 0 | 3 1 3 3 | 4 . 3 0 |

1° Là-bas quel ta-pa-ge, Quel bourdonnement, La troupe vo-la-ge
2° Suivant son ca-pri-ce, Estimant son es-sor, L'abeille se glis-se
3° La voilà pe-san-te, Gagnant son sé-jour; Sa marche est plus lente,
4° L'ouvrière ha-bi-le Nous semble en sommeil, Mais el-le dis-til-le
5° Pas d'humain rebel-le, À tous les tra-vaux, Ami tous l'abeil-le

| 3 1 7 1 3 | 2 . . 0 | 2 . 1 7 5 | 3 . 1 2 3 | 4 . 3 . 3 | 2 . . 0 |
| 5 6 5 3 1 | 5 . . 0 | 4 . 3 2 5 | 5 . 3 4 6 | 6 . 1 . 1 | 5 . . 0 |

Est en mouve-ment; L'in-sec-te s'a-gi-te Il monte descend,
Où gît son tré-sor. Sa-gue-te l'eni-vre Des sucs pré-ci-eux,
Son vol est plus lourd; C'est qu'en sa cel-lu-le, Mo-deste a-te-lier,
La cire et le miel; La récolte est prê-te, À nous son gâteau.
Soyons ses ri-vaux. Craignons l'igno-ran-ce, L'insecte a les fleurs,

| 3 2 1 7 | 6 4 3 2 | 1 . 2 . | 3 . . 0 | 3 2 1 7 | 6 4 3 2 | 1 . 7 . | 1 . . 0 ||
| 1 7 6 5 | 6 6 5 4 | 3 . 5 . | 1 . . 0 | 1 7 6 5 | 6 2 3 4 | 5 . 5 . | 1 . . 0 ||

Et cherche en sa fuite la fleur qui l'attend, Et cherche en sa fuite la fleur qui l'attend.
Amis pour la suivre ouvrons bien les yeux, Amis pour la suivre ouvrons bien les yeux.
L'abeille accumule De quoi tra-vail-ler, L'abeille accumule De quoi travail-ler!
Amis faisons fête À ce doux ca-deau, Amis faisons fête à ce doux ca-deau.
À nous la scien-ce Braves travail-leurs! À nous la science, Braves tra-vail-leurs!

Exercices de mémoire

484 D'après les indications du maître. - Voir N° 27 pour les exercices possibles pour l'élève seul.

Exercices graphiques

485 Transcrire en chiffres l'exercice suivant:

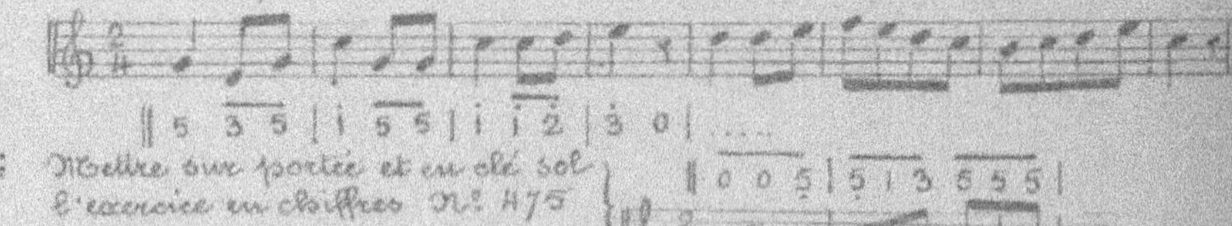

486 Mettre sur portée et en clé sol l'exercice en chiffres N° 475 ci-dessus

19e Étape

Intonation

487 Dm Ton Ré mineur (à 3)

6 1 3 1	5 7 3 5	6 1 3 1	5 7 2 5	6 1 3 6	6
6 1 3 6	5 7 3 5	6 1 3 6	5 7 2 5	6 1 3 6	6
6 1 6 3	5 7 5 3	6 1 6 3	5 7 5 2	6 1 3 6	6

488 Dm Ton Ré mineur (à 3)

6 3 1 3	5 3 7 3	6 3 1 3	5 2 7 2	6 1 3 6	6
6 3 1 6	5 3 7 5	6 3 1 6	5 2 7 5	6 1 3 6	6
6 3 6 1	5 3 5 7	6 3 6 1	5 2 5 7	6 1 3 6	6

489 C. Ton Ut (à 6)

1 5 3 5	1 6 2 6	1 5 3 5	1 4 2 4	1
1 5 3 1	1 6 2 1	1 5 3 1	1 4 2 1	1
1 5 1 3	1 6 1 2	1 5 1 3	1 4 1 2	1

490 C. Ton Ut (à 6)

1 4 3 2 5 1 2 5 4 3 6 2 3 6 5 4 7 3 1 1

1 4 3 5 2 1 2 5 4 6 3 2 3 6 5 7 4 3 1 1

491 E. Ton Mi (à 4)

1 7 1 1 2 2 3 2 2 3 2 2 1 1 7 1 1 7 1 7 1 2 3 2 3 2 1 7 1 7 1 1

492 C. Ton Ut (à 6) — F. Ton Fa (à 3) — A. Ton La (à 1) — C. Ton Ut (à 6)

1 3 5 (5 2) 3 1 2 3 4 5 (3 1) 1 7 6 5 3 2 1 (1 6) 5 6 5 4 5 1

493 D. Ton Ré (à 5)

Dictée

494 (par le professeur. Voir N° 8 pour les exercices possibles par l'élève seul)

Mesure

495 C. Ton Ut (à 6)

| 1 2 3 3 4 5 | 5 4 3 2 | 2 3 4 5 6 7 | 1 7 1 0 ||

496 C. Ton Ut (à 6)

| 1 2 3 4 3 | 2 2 3 2 5 | 5 . . | 1 1 7 6 5 | 6 5 4 3 2 | 1 0 0 ||

497 F. Ton Fa (à 3)

498 **Théorie. Écriture de la Mesure. Notation ancienne.** Parmi les signes de durée en usage dans la notation ancienne, nous n'employons pour les exercices du Cours moyen que les signes inscrits dans le tableau suivant :

Signes de durée des sons	Signes de durée des silences	Durée exprimée par chaque signe	Observations
Ronde	Pause	une seconde	La Ronde vaut 2 Blanches
Blanche	Demi-pause	1/2 seconde	La Blanche = 2 noires
Noire	Soupir	1/4	La Noire = 2 croches
Croche	Demi-soupir	1/8	

499 – Lorsqu'une note est suivie d'un point, la durée de cette note est augmentée de moitié. – Ainsi, la noire, qui vaut deux croches, en vaut trois lorsqu'elle est pointée.

Phonomimie musicale

500 Tableau des signes pour les octaves, les dièses et les bémols.

1 FA aigu – SI médium
2 MI médium – Sol grave
3 Ré dièze aigu – FA dièze grave
4 LA bémol – Ut médium

fig. 1 & 2 { Pour l'octave aigue : les mains à la hauteur de la tête.
" " — " — médium : les mains à la hauteur des épaules.
" " — " — grave : les mains au dessous des épaules.

fig. 3 & 4 { Pour les sons dits naturels de la gamme : les mains devant le corps.
" — " dièses : les mains placées à côté du corps, la paume vue par les élèves.
" — " bémols : — " — " — " — " , le dessus de la main vu par les élèves.

Lecture à vue.

501 G. Ton Sol (α 2) Andante.
‖ 1 | 5 . . 4 3 2 | 1 . 0 0 | 2 2 2 1 2 3 | 1 . . 3 | 5 . . 4 3 2 | 1 . 0 1 |
| 2 2 2 1 2 3 | 1 . 0 3 5 1 | 1 7 6 5 1 7 6 5 | 1 . 3 3 0 5 | 7 1 2 3 4 2 7 | 1 . 0 3 5 1 |
| 1 7 6 5 1 7 6 5 | 1 . 3 3 0 5 | 7 1 2 3 4 2 7 | 1 . 0 0 ‖ Gluck

502 G. Ton Sol (α 2). Presto (M. 120)
‖ 5 6 5 5 6 5 | 5 6 5 5 6 5 | 5 6 7 1 2 3 | 4 6 2 1 . 7 | 5 6 5 5 6 5 |
| 5 6 5 5 6 5 | 1 7 6 5 1 3 | 5 2 3 1 ‖ Mendelssohn.

503 Tons de A. La (α 1) à E. Mi (α 4)
‖ 1 2 1 2 1 2 | 3 . 0 | 2 3 2 3 2 3 | 4 . 0 | 3 4 3 4 3 4 | 5 . 0 | 4 5 4 5 4 5 |
| 6 . 0 | 5 6 5 6 5 6 | 7 . 0 | 6 7 6 7 6 7 | 1 . 0 ‖

504 D. Ton Ré (α 5) G. Ton Sol (α 2) Sib Ton Sen (α 7) F. Ton Fa (α 3) D. Ton Ré (α 5)
‖ 1 7 7 6 (6 3) | 4 3 3 2 (2 7) | 7 1 2 (5 1) | 1 2 1 2 3 | (3 5) . 5 | 1 . . ‖
lmi si ut mol

505 D. Ton Ré (α 5)

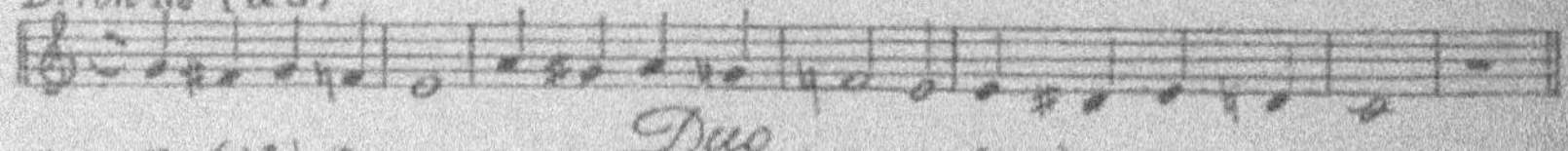

Duo

506 F. Ton Fa (α 3). Renversement C. Ton Ut (α 6)

| 5 . . | 1 7 6 | 5 . . | 3 . . | 2 . . | 4 3 2 | 1 . . | 3 . . | 5 . . | 1 7 6 | 5 . . | 3 . . | 2 . . |
| 3 2 1 | 1 . . | 3 2 1 | 1 . . | 7 6 5 | 6 . 7 | 1 . . | 1 7 1 | 3 2 1 | 1 . . | 3 2 1 | 1 . . | 7 6 5 |

FIN

| 4 3 2 | 1 . . ‖ 2 3 2 | 5 . 4 | 3 4 3 | 6 . 5 | 4 5 4 | 7 . 6 | 5 . . | 1 . . | 2 3 2 | 5 . 4 | 3 4 3 | 6 . 6 |
| 6 . 7 | 1 . . ‖ 7 . . | . 1 2 | 4 . . | . 2 3 | 2 . . | . 3 4 | 3 . . | . 4 3 | 7 . . | . 1 2 | 4 . . | . 2 3 |

| 4 . 5 | 3 . 4 | 2 . . | . 3 4 ‖
| 2 1 7 | 1 7 6 | 7 5 6 | 7 1 2 ‖

Vocalisation

507 Exécuter l'exercice suivant en divers tons de A. La (d 1) à G. Sol (d. 2)

‖ 135 543 | 25 | 135 542 | 10 ‖

508 Exercices pour l'application des paroles à la musique.

Utilisation des exercices d'intonation (Voir l'Instituteur musicien N.º 482)

La Flute enchantée (Musique de Mozart)

E. Ton Mi (d 4) allegro

509
‖ 0 0 0 54 | 3 3 0 33 | 4 4 0 43 | 2 2 0 2 | 3 . 0 54 | 3 . 3 3 |
‖ 0 0 0 32 | 1 1 0 11 | 2 2 0 21 | 7 7 0 7 | 1 . 0 32 | 1 . 1 1 |

1.er Coup.t Ô di vi ne harmoni e! Par ton charme puissant, La la, la, la, la
2.e Coup.t Que ton règne, harmoni e! Attendrisse les cœurs, La, la, la, la, la,

| 4 . 5 6 4 | 3 . 2 . 2 | 1 . 0 43 | 2 2 0 2 | 3 3 0 3 | 4 0 4 . 5 |
| 2 . 3 4 2 | 1 . 7 . 7 | 1 . 0 21 | 7 7 0 7 | 1 1 0 1 | 2 0 2 . 7 |

la, la, la, la, la, la, la, la. Toute haine flétri-e i-ra s'ef-fa-
la, la, la, la, la, la, la, la. De la terre bé-ni-e fais fuir les dou-

| 3 . 0 34 | 5 . 5 5 | 6 . 7 1 4 | 3 . 2 . 2 | 1 . 0 43 | 2 2 0 2 |
| 1 . 0 12 | 3 . 3 3 | 4 . 5 6 2 | 1 . 7 . 7 | 1 . 0 21 | 7 7 0 7 |

çant; la, la, la, la, la, la, la, la, la, la, la, la, la. Toute haine flé-
leurs; la, la, la, la, la, la, la, la, la, la, la, la, la. De la terre bé-

| 3 3 0 3 | 4 0 4 . 5 | 3 . 0 34 | 5 . 5 5 | 6 . 7 1 4 | 3 . 2 . 2 | 1 . . 0 ‖
| 1 1 0 1 | 2 0 2 . 7 | 1 . 0 12 | 3 . 3 3 | 4 . 5 6 2 | 1 . 7 . 7 | 1 . . 0 ‖

tri-e i-ra s'ef-façant. La, la, la, la, la, la, la, la, la, la, la, la.
ni-e fais fuir les dou-leurs. La, la, la, la, la, la, la, la, la, la, la.

Exercices de mémoire

510 (d'après les indications du maître. – Voir n.º 27 pour les exercices possibles par l'élève seul).

Exercices graphiques.

511 Transcrire en chiffres l'exercice suivant:

‖ 1 13 | 5 5 | 43 45 | ....

512 Mettre sur portée et en clé sol le solfège N.º 502 ci-dessous

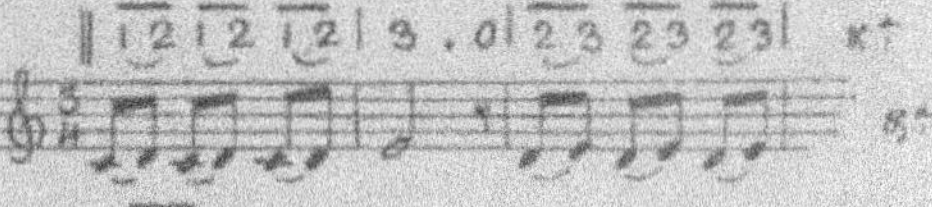

‖ 12 12 12 | 3 . 0 | 23 23 23 | K+

20.e Étape.

Intonation

D.re Ton Ré mineur (a 3)

513
‖ 3 1 6 1 | 3 . 7 . 5 . 7 . | 3 1 6 1 | . 2 . 7 . 5 . . 2 . | 3 1 6 6 | 6 ‖
‖ 3 1 6 3 | 3 . 7 . 5 . 3 | 3 1 6 3 | . 2 . 7 . 5 . . 2 . | 3 1 6 6 | 6 ‖
‖ 3 1 3 6 | 3 . 7 . 3 . 5 . | 3 1 3 6 | . 2 . 7 . . 2 . . 5 . | 3 1 6 6 | 6 ‖

Dr Ton Ré mineur (d. 3)

514
3 6 1 3	3 5 7 3	3 6 1 3	2 5 7 2	3 6 3 6	6
3 6 1 6	3 5 7 5	3 6 1 6	2 5 7 5	3 6 3 6	6
3 6 3 1	3 6 3 7	3 6 3 1	2 5 2 7	3 6 3 6	6

C. Ton Ut (d 6)

515
1 3 5 1	1 2 6 1	1 3 5 1	1 2 4 1	1 1 1
1 3 5 3	1 2 6 2	1 3 5 3	1 2 4 2	1 1 1
1 3 1 5	1 2 1 6	1 3 1 5	1 2 1 4	1 1 1

C. Ton Ut (d 6)

516
| 1 4 5 3 2 1, 2 5 6 4 3 2, 3 6 7 5 4 3, 1 1 1 |
| 1 4 5 2 3 1, 2 5 6 3 4 2, 3 6 7 4 5 3, 1 1 1 |

D. Ton Ré (d 5)

517 | 5 4 5 6 7 6 5 4 5 2 1 2 5 4 5 5 6 5 5 4 5 2 3 2 5 4 5 1 7 1 |

B. Ton Si (d 7) — G. Ton Sol (d 2) — B. Ton Si (d 7)

518 | 5 1 7 5 2 1 (1 3) 3 2 1 6 5 2 2 1 2 4 3 2 1 (7 5) 6 5 6 5 2 3 1 |
mi — sol

C. Ton Ut (d 6)

519

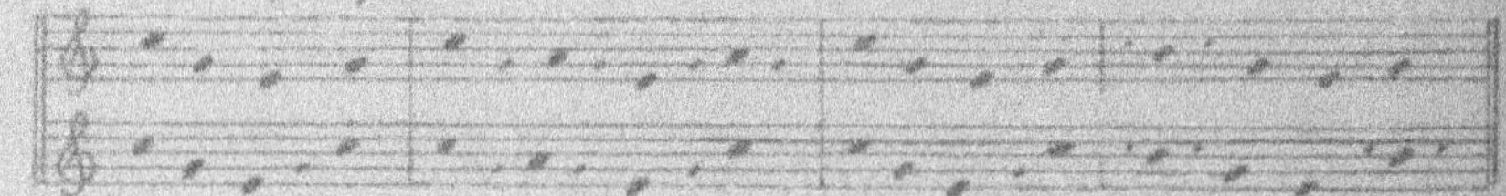

Dictée (par le professeur)

520 Voir N° 8 pour les exercices possibles par l'élève seul.

Mesure

F. Ton Fa (d 3)

521 | 1 1 1 2 2 2 | 3 . 3 4 . 4 | 5 . | 5 4 3 2 3 4 | 5 . 5 5 . 5 | 1 0 |

C. Ton Ut (d 6)

522 | 1 . 2 3 . 4 5 . 6 7 . 1 | 1 . 5 . | 1 . 7 6 . 5 4 . 3 2 . 5 | 1 . . 0 |

E. Ton Mi (d.4)

523

Théorie

Écriture de la mesure. Notation ancienne (suite).

524 – Nous représentons dans ce cours, l'unité de durée ou temps par un signe unique, la noire (♩)

525 – Chaque espèce de mesure sera indiquée par deux chiffres disposés en forme de fraction ordinaire en tête du morceau de musique.

Ex. 1. Mesure à 2 temps $\frac{2}{4}$
2 ——— 3 ——— $\frac{3}{4}$ } Division binaire
3 ——— 4 ——— $\frac{4}{4}$ ou 4

Le chiffre supérieur (numérateur) indique le nombre de temps, le chiffre inférieur (dénominateur) marque que la noire ou quart de seconde vaut un temps.

Phonomimie

526. – par le professeur. – Voir les N° 8 et 54 du Cours élémentaire et les N° 18 et 500 du Cours moyen.

Lecture à vue

D. Ton Ré (d 5) Allegro - Simplement

527 ‖ 0 3 2 3 ‖ 1 . 3 2 1 2 | 6 7 6 7 | 5 . 5 1 . 2 | 3 . 1 3 2 3 | 1 . 3 2 1 2 | 6 7 6 7 |
| 5 4 3 2 1 7 | Fin 1 5 3 4 | 5 1 7 6 5 6 | 5 5 3 4 | 5 1 7 6 5 6 | 5 5 3 1 | 2 6 4 2 |
| 3 5 3 1 | 2 6 4 2 | 3 5 2 4 | 3 5 4 3 2 1 | 2 . 5 3 2 3 ‖ J.J. Rousseau.

F. Ton Fa (d 3) Allegro (M. 180)

528 ‖ 0 5 1 3 | 6 5 3 5 1 3 | 6 5 3 5 1 3 | 5 4 2 5 7 2 | 4 3 1 5 1 3 | 6 5 3 5 1 3 |
| 6 5 3 5 1 3 | 5 4 2 5 7 2 | Fin 1 0 5 1 3 | 5 4 2 5 4 2 | 5 4 2 5 4 2 | 5 4 2 2 | 2 0 5 7 2 |
| 4 3 1 4 3 1 | 4 3 1 4 3 1 | 4 3 1 1 | 1 0 5 1 3 | 6 4 2 5 7 2 | 4 3 1 5 1 3 | 2 5 4 5 4 5 |
| 5 0 5 1 3 ‖ Weber.

G. Ton Sol (d 2) Allegro M 120

529 ‖ 5 5 ‖: 1 . 2 3 2 | 1 5 6 5 | 1 . 2 3 2 | 1 . 2 3 | 5 4 3 2 4 3 2 1 | 7 6 5 1 2 |
| 5 4 3 2 4 3 2 1 | 1re fois 2 . 0 5 5 :‖ 2e fois 3 6 4 2 1 7 | 1 . 0 0 ‖ Monsigny

C. Ton Ut (d 6) — E. Ton Mi (d 4) — C. Ton Ut (d 6)

530 ‖ 5 4 5 6 | 6 5 | 3 2 3 4 | 4 (3 1) mut | 1 2 3 4 | 5 5 | (1 3) mut . | 3 4 3 | 2 5 | 1 . ‖

F. Ton Fa min. (d 1)

531 [portée musicale]

Duo

C. Ton Ut mineur (d 6) M 100

532
| 1 . 2 3 . 4 | 3 . 6 5 | 6 . 1 . | 1 . 7 . | 1 . 7 6 . 1 | 7 . 1 . | 2 . 1 7 . 2 |
| 0 0 0 0 | 6 . 7 1 . 2 | 1 . 3 2 | 3 . 5 . | 5 . 4 . | 5 . 4 3 . 5 | 4 . 5 . |

| 1 7 6 1 | 7 . 1 6 | 1re fois 3 . . 0 :‖ 2e fois 1 . 7 . | 6 . . 0 ‖
| 6 . 5 4 . 6 | 5 4 3 2 | 3 . . 0 :‖ 6 . . 5 | 6 . . 0 ‖

533 # Exercices pour l'application des paroles à la musique

Utilisation des exercices d'intonation (Voir Instituteur musicien 533)

Vocalisation

534 Exécuter l'exercice suivant dans les divers tons de C. Ut (d 6) à F. Fa (d 3).

| 1 7 1 3 2 3 5 4 5 | 1 . 0 ‖

Le Point du Jour

G. Ton Sol (d 2)

535
‖ 0 0 0 5 | 5 . 1 1 . 3 | 3 1 | 3 2 3 4 . 3 | 2 0 0 2 |
‖ 0 0 0 5 | 5 . 1 1 . 3 | 3 1 | 1 7 1 2 . 1 | 5 0 0 5 |

1er Coupt. — Salut ! douce lu - miè - re ; De l'astre ra - di - eux Tu
2e Coupt. Plus beaux tu fais paraî - tre les arbres et les fleurs En
3e Coupt. Amis au doux rama - ge Des chantres de nos bois Jo-

| 2 . 3 2 . 3 | 2 5 | 4 3 2 3 . 2 | 1 0 |
| 5 . 1 5 . 1 | 7 7 | 2 1 7 1 . 5 | 1 0 |

promets à la ter - re un jour dé - li - ci - eux.
vigueur, le bien ê - tre ranimant tous les cœurs.
gnons aussi l'hommage de nos joyeu - ses voix.

La Poule

A. Ton La (d i) M 120

536	0 0 5	i i 3	2 2 4	7 7 2	i . 5	i i 3	2 2 4	7 7 2
	0 0 5	3 3 5	4 4 6	2 2 4	3 . 5	3 3 5	4 4 6	2 2 4

1er C. Voyez vous la poule et chaque poussin Grossissant la foule du joyeux es-
2e C. Là bas quelle aubaine ! on crible du blé, La matrone emmène son peuple assem-
3e C. Il n'est telle fê-te qui ne prenne fin, La curée est faite. Et nul n'a plus

i . 5	2 2 5	3 3 5	4 4 3	2 . 5	i i 2 3 4	5 3 i	4 2 7	i . 0
3 . 5	7 7 5	i i 5	7 7 i	5 . 5	3 3 5	3 5 i	6 4 5	3 . 0

saim Hier à l'aufenzore Puis en mouvement, Chacun d'eux picore près de sa maman.
blé. On fait grasse chère Courant sus au grain, Des petits la mère excite l'entrain.
faim L'aile mater-nelle, D'amour frémissant, chaudement recèle ce peuple naissant.

Exercices de mémoire

537 D'après les indications du maître. - Voir N° 27 pour les exercices possibles par l'élève seul.

Exercices graphiques

538 Transcrire en chiffres l'exercice suivant :

‖ 1 2 3 4 | 5 5 5 | 1 5 3 1 | 4 3 0 |

539 Mettre sur portée et en clé de fa le solfège N° 528 ...

‖ 0 5 1 3 | 6 5 3 5 1 3 |

21e Étape

Intonation

Ant Ton La mineur (d 6)

540	3 6 i 6	3 . 5 . 7 . 5 .	3 6 i 6	. 2 . . 5 . 7 . 5 .	3 6 3 6	6
	3 6 i . 3	3 . 5 . 7 . 3	3 6 i . 3	. 2 . . 5 . 7 . 2 .	3 6 3 6	6
	3 6 3 . i	3 . 5 . 3 . 7 .	3 6 3 . i	. 2 . . 5 . 2 . . 7 .	3 6 3 6	6

Ant Ton La mineur (d 6)

541	3 . i 6 3	3 . 7 . 5 . 3	3 . i 6 3	. 2 . . 7 . 5 . . 2 .	3 6 3 6	6
	3 . i 6 i	3 . 7 . 5 . 7 .	3 . i 6 i	. 2 . . 7 . 5 . 7 .	3 6 3 6	6
	3 . i . 3 6	3 . 7 . 3 . 5 .	3 . i . 3 6	. 2 . . 7 . . 2 . . 5 .	3 6 3 6	6

C. Ton Ut (d 6).

542	i . 3 5 i	i . 6 . 4 . . i	i 3 5 i	. 7 . 5 . 2 . . 7 .	i i i
	i i 3 5	i i . 6 . 4 .	i i 3 5	. 7 . . 7 . 5 . 2 .	i i i
	i i 5 3	i i . 4 . . 6 .	i i 5 3	. 7 . . 7 . . 2 . 5	i i i

543 C. Ton Ut (ℓa 6)
‖ 1 . 4 . 2 . 5 3 1 , . 2 . 5 3 . 6 . 4 . 2 . , 3 . 6 . 4 . . 7 . 5 3 1 i i ‖
‖ 1 . 4 . 2 . 3 5 1 , . 2 . 5 3 4 . 6 . . 2 , 3 . 6 . . 4 5 . 7 . . 3 1 i i ‖

544 Ton Ré (ℓa 5)
‖ 171 232 212 343 323 545 565 656 6 6 545 i ‖

545 D. Ton Ré (ℓa 5) F. Ton Fa (ℓa 3) D. Ton Ré (ℓa 5)
‖ 323 543 (55) sol 23 545 656 655 432 (35) mol 654321 ‖

Méloplaste de Galin

546 Exercices à indiquer par le professeur. Voir l'Instituteur musicien, cours moyen N° 546 ....

547 C. Ton Ut (ℓa 6)

Dictée (par le professeur)

548 Voir N° 8 pour les exercices possibles pour l'élève seul.

Mesure

549 C. Ton Ut (ℓa 6)
‖ 567 i76 | 504 302 | 30 | 234 565 | 505 567 | i 0 0 ‖

550 F. Ton Fa (ℓa 3)
‖ 1 2 3 4 5 4 3 | 2 . 2 2 . 0 0 | 2 2 3 4 5 4 2 | 1 . 1 1 . 0 0 ‖

551 F. Ton Fa (ℓa 3)

Théorie.

Écriture de la mesure, Notation usuelle. – Suite. –

552 – La durée d'un temps étant représentée par une noire, la moitié d'un temps sera exprimée par une croche.

Ex. unité — moitiés ou

Phonomimie

553 (par le professeur. – Voir les N° 8 et 54 du Cours élémentaire, et 18 et 500 du Cours moyen).

Lecture à vue

554 G. Ton Sol (ℓa 2) Allº Vivace (M. 104)
‖ 5 5 . 5 | 6 5 . 5 | 5 6 7 1 2 3 | 5 4 | 3 3 . 3 | 3 . 2 4 . 3 | 3 . 2 2 . 1 |
| 1 . 7 7 . 6 | 5 5 . 5 | 6 5 . 5 | 5 6 7 1 2 3 | 5 4 | 3 3 . 3 | 3 . 2 4 . 2 |
| 2 . 1 1 . 7 | 1 . ‖ Mendelssohn

555 C. Ton Ut (ℓa 6) D. Ton Ré (ℓa 5) E. Ton Mi (ℓa 4) – F. Ton Fa (ℓa 3). – G. Ton Sol (ℓa 2)
‖ 1 3 1 1 3 1 | 1 0 | 2 4 2 2 4 2 | 2 0 | 3 5 3 3 5 3 | 3 0 | 4 6 4 4 6 4 |
| 4 0 | 3 5 3 3 5 3 | 3 0 | 2 4 2 2 4 2 | 2 0 | 1 3 1 1 3 1 | 1 0 ‖

Tons C. Ut (d 6) D. Ré (d 5) E. Mi (d 4). F. Fa (d 3) G. Sol (d 2)

556 ‖ 1 . . 2 3 1 | 2 . 0 0 | 2 . . 3 4 2 | 3 . 0 0 | 3 . . 4 5 3 | 4 . 0 0 | 2 . . 3 4 2 |
3 . 0 0 | 1 . . 2 3 1 | 2 . 0 0 | 7 . . 1 2 7 | 1 . 0 0 ‖

D. Ton Ré (d 5) — F. Ton Fa (d 3) — D. Ton Ré (d 5)

557 ‖ 3 2 3 | 5 4 5 | (1 3) . . | 3 2 1 | 7 6 5 | (7 5) 5 5 | 2 5 2 | 2 . . | 1 . . ‖

F. Ton Fa (d 3)

558

Duo

C. Ton Ut (d 6)

559
‖ 54 54 | 5 1 | 7 . | 6565 | 6 2 | 1 . | 7676 | 7 3 | 2 . |
‖ 0 0 | 3232 | 3 5 | 4 . | 43 43 | 4 6 | 5 . | 5454 | 5 7 |

| . 1 7 | . 6 7 5 | 6 5 0 | 54 54 | 5 1 | 1 7 | 65 65 | 6 2 | 2 1 | 7676 |
| 6 . 5 | 4 4 | 3 . 0 | 0 0 | 3232 | 3 5 | 5 4 | 4343 | 4 6 | 6 5 |

| 7 3 | 3 2 | 1 . 7 | 6565 | 1 . 0 ‖
| 5464 | 5 7 | 7 6 5 | 4345 | 1 . 0 ‖

560 Exercices pour l'application des paroles à la musique.
Utilisation des exercices d'Intonation (Voir Instituteur musicien N° 412)

Vocalisation

561 Exécuter dans les divers tons de A. La (d 1) à E. Mi (d 4) l'exercice } 1 7 1 5 4 5 3 2 3 | 1 . 0 ‖

C. Ton Ut (d 6) m. 120 **Mon Chien Médor**

562
‖ 0 0 0 5 | 5 . 3 3 . 1 | 1 5 . 3 | 2 . 2 2 3 2 | 1 0 0 5 | 5 . 3 3 . 1 |
‖ 0 0 0 3 | 3 . 1 1 . 3 | 3 3 . 1 | 5 . 5 5 . 5 | 3 0 0 3 | 3 . 1 1 . 3 |

1° J'avais un chien fi dè- le aimable intelli- gent Arri- vant plein de
2° Au coup de notre horlo- ge Sans ja mais lambi ner Il sor tait de sa
3° Il aimait la campa- gne Nous avions même goût; En plaine, à la mon-
4° De ce chien la ca- res- se Ne me trompa jamais Ri ez de ma ten-

| 1 5 . 3 | 2 . 2 2 3 2 | 1 0 0 3 | 2 . 1 7 . 6 | 7 . 1 2 . 3 | 2 . 1 7 . 6 |
| 3 3 . 1 | 5 . 5 5 . 5 | 3 0 0 1 | 7 . 6 5 . 4 | 5 . 6 7 . 1 | 7 . 6 5 . 4 |

zè- le Dès le soleil levant; Pour sa-luer l'auro- re. Ah! je l'entends en-
lo- ge Et venait m'égayer; Quand sa soupe était prê- te Il faisait place
ta- gne Il me suivait partout. Un jour, hélas! bien tris- te, A son trépas j'as-
dres- se Amers sont mes regrets: Me voi-là so-li- tai- re, Je l'ai fait mettre en

| 7 . 1 2 . 5 | 1 . 1 2 . 2 | 3 0 0 3 | 4 . 2 1 . 7 | 1 0 |
| 5 . 6 7 . 5 | 3 . 3 5 . 5 | 1 0 0 1 | 6 . 4 3 . 2 | 3 0 |

co- re, Il avait sa chanson, vibrant comme un clairon.
net- te; Ré pétait sa chanson Et prenait sa faction.
sis- te! Je n'ai plus la chanson De ce chien bon garçon.
ter- re Sous un épais ga- zon Auprès de la maison.

Exercices de mémoire

563 (d'après les indications du maître. Voir N° 27 pour les exercices possibles pour l'élève seul)

Exercices graphiques

564 Transcrire en chiffres l'exercice suivant :

‖ 5 3 4 5 6 | 7 i 7 6 5 3 | ...

565 Mettre sur portée et en clé sol le solfège N° 555 ci-dessus

‖ 1 3 1 1 3 1 | 1 0 | 2 4 2 2 4 2 |

22e Étape

Intonation

Dn Ton Ré min (cl 3)

566
‖ 3 6 3 1 | 3 5 3 7 | 3 6 3 1 | 2 5 2 7 | 3 6 3 6 | 6 ‖
‖ 3 6 1 3 | 3 5 7 3 | 3 6 1 3 | 2 5 7 2 | 3 6 3 6 | 6 ‖
‖ 3 6 1 6 | 3 5 7 5 | 3 6 1 6 | 2 5 7 5 | 3 6 3 6 | 6 ‖

Dn Ton Ré mineur (cl 3).

567
‖ 3 1 3 6 | 3 7 3 5 | 3 1 3 6 | 2 7 2 5 | 3 6 3 6 | 6 ‖
‖ 3 1 6 3 | 3 7 5 3 | 3 1 6 3 | 2 7 5 2 | 3 6 3 6 | 6 ‖
‖ 3 1 6 1 | 3 7 5 7 | 3 1 6 1 | 2 7 5 7 | 3 6 3 6 | 6 ‖

C. Ton Ut (cl 6)

568
‖ i 5 3 1 | 1 4 6 i | i 5 3 1 | 7 2 5 7 | i 1 i ‖
‖ i 5 1 3 | 1 4 i 6 | i 5 1 3 | 7 2 7 5 | i 1 i ‖
‖ i 3 1 5 | 1 6 i 4 | i 3 1 5 | 7 5 7 2 | i 1 i ‖

C. Ton Ut (cl 6)

569
‖ i 5 4 3 2 1, 2 6 5 4 3 2, 3 i 7 6 5 4 3, 4 i 7 6 5 4 i ‖
‖ i 5 4 2 3 1, 2 6 5 3 4 2, 3 i 7 6 4 5 3, 4 i 7 5 6 4 i ‖

E. Ton Mi (cl 4)

570 ‖ 3 4 3 3 1 1 2 1 1 2 1 3 4 3 1 2 1 2 1 2 1 3 4 3 4 3 4 3 3 1 ‖

C. Ton Ut (cl 6) — E. Ton Mi (cl 4) — C. Ton Ut (cl 6)

571 ‖ 1 3 5 i 5 6 (7 5) 5 4 3 2 1 5 4 5 6 5 4 5 (1 3) 2 2 2 i 7 6 5 i ‖

sol — mi

C. Ton Ut (cl 6)

572

Méloplaste de Galin. — Exercices à indiquer par le professeur (Voir N° 546 de l'Instituteur musicien).
573

Main musicale

575 Exercices à indiquer par le professeur (Voir Instituteur musicien C.M. n° 575)

Dictée (par le professeur).

576 Voir N° 8 pour les exercices possibles par l'élève seul.

Mesure

C. Ton Ut (d 6).

577 ‖ 1 . 2 3 . 4 5 . 6 | 5 . i 5 . | i . 7 6 . 5 4 . 3 | 2 . 5 i . . 0 ‖

C. Ton Ut (d 6)

578 ‖ 508 506 506 701 | 5 4 3 2 | 102 304 505 607 | i . . 0 ‖

F. Ton Fa (d 3)

579

Théorie

580 **Écriture de la mesure. - Notation ancien (fin).** - Lorsque le temps doit être divisé par trois, l'on est convenu de représenter par une noire pointée (♩.) qui vaut trois croches ; par suite, le tiers du temps peut être exprimé par une croche.

Ex. unité ♩. tiers ♪♪♪ ou ♪ ♪ ♪

Remarque. - Dans les mesures à division ternaire du temps le numérateur de la fraction exprime le nombre de tiers du temps ; par conséquent, pour avoir le nombre de temps, il faut le diviser par trois. Ainsi en divisant par trois le numérateur de la fraction $\frac{6}{8}$, on reconnait que la mesure à $\frac{6}{8}$ est une mesure à deux temps, division ternaire.

Phonomimie

581 (par le professeur. - Voir N° 8 et 54 de l'Instituteur musicien (C.E.) et 18 à 500 de l'Instituteur musicien (C.M.).

Lecture à vue.

B^{te} Ton Si mineur (d 5) And^{te} M. 80.

582 ‖ 3 | 6 6 1 2 | 3 2 3 4 3 1 . 2 | 3 3 i 7 | 6 . 5 7 | 1 1 1 1 | 1 7 2 4 3 1 . 7 |
| 6 6 6 7 . 5 | 5 6 . . ‖ Mendelssohn.

F. Ton Fa (d 3) M 200 Très Vif

583 ‖ 0 3 5 | . 3 1 | . 7 1 2 | . 1 2 | 3 2 1 | 2 3 4 | 3 4 5 | . . . | 0 3 5 | . 3 1 |
| . 7 1 2 | . 3 4 | 5 4 3 | 2 . 3 | 4 2 3 | 1 0 0 ‖ Beethoven

Tons Ut (d 6). - D. Ré (d 5). - E. Mi (d 4). - F. Fa (d 3). - G. Sol (d 2)

584 ‖ 3 2 1 2 0 0 | 4 3 2 3 0 0 | 5 4 3 4 0 0 | 6 5 4 5 0 0 | 5 4 3 4 0 0 |
| 4 3 2 3 0 0 | 3 2 1 2 0 0 | 2 1 7 1 0 0 ‖

C. Ton Ut (d 6) sol E. Ton Mi (d 4) mi C. Ton Ut (d 6)

585 ‖ 5 3 | 1 3 4 | 5 6 | (7 5) . | 5 3 | 1 2 3 | 4 7 | (1 3) . | 3 4 | 5 4 3 | 2 5 | 1 . ‖

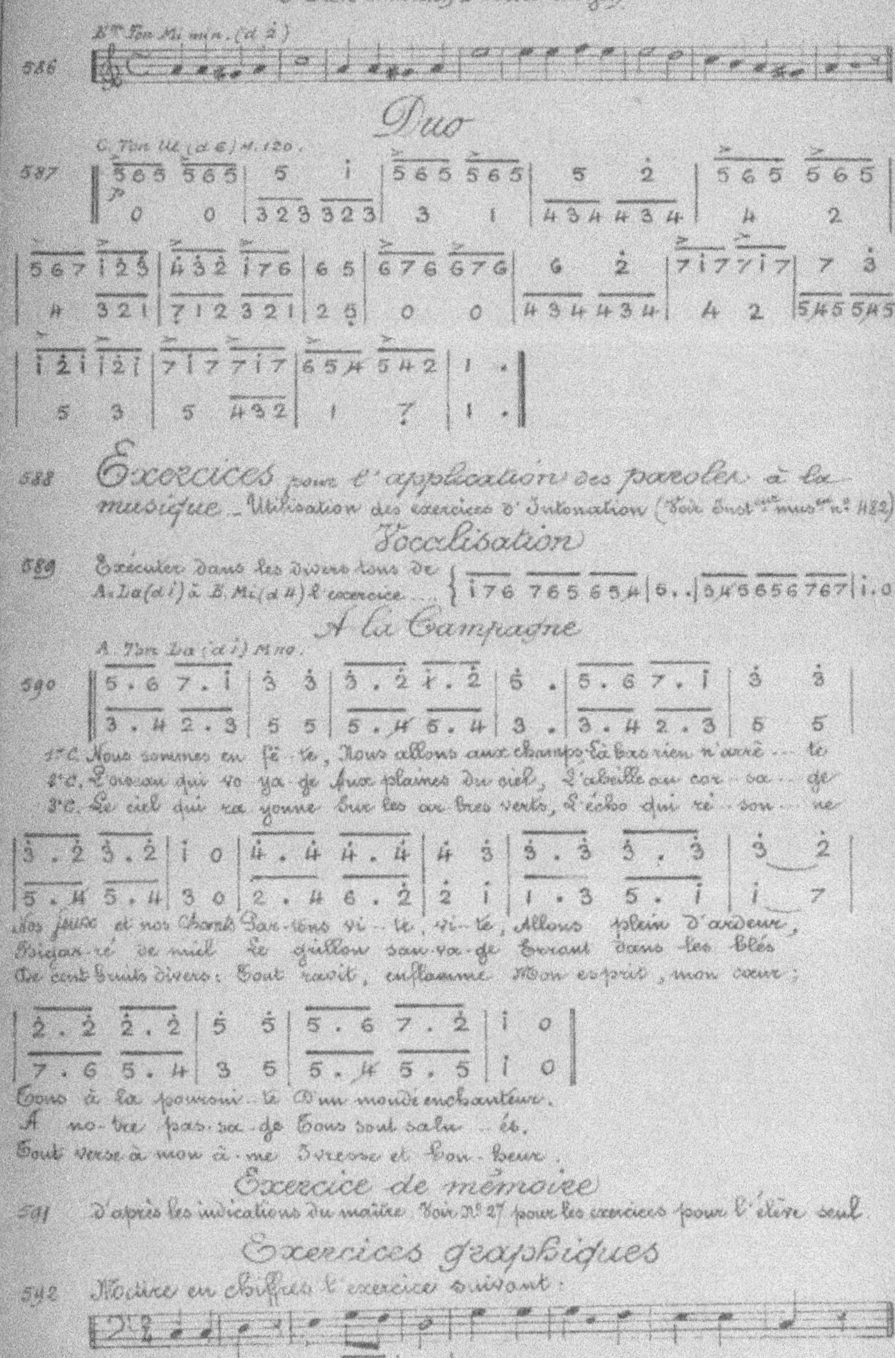
586
Duo
587
588 Exercices pour l'application des paroles à la musique _ Utilisation des exercices d'Intonation
Vocalisation
589 Exécuter dans les divers tons de A. La (d 1) à B. Mi (d 4) l'exercice
À la Campagne
590
1er C. Nous sommes en fê - te, Nous allons aux champs, Là bas rien n'arrê - te
2e C. L'oiseau qui vo - ya - ge Aux plaines du ciel, L'abeille au cor - sa - ge
3e C. Le ciel qui ra - yonne Sur les ar - bres verts, L'écho qui ré - son - ne
Nos jeux et nos chants Par - tons vi - te, vi - te, Allons plein d'ardeur,
Bigar - ré de miel Le grillon sau - va - ge Errant dans les blés
De cent bruits divers: Tout ravit, enflamme Mon esprit, mon cœur;
Tous à la poursui - te D'un monde enchanteur.
À no - tre pas - sa - ge Tous sont salu - és.
Tout verse à mon â - me Ivresse et bon - heur.
Exercice de mémoire
591 D'après les indications du maître. Voir N° 27 pour les exercices pour l'élève seul
Exercices graphiques
592 Écrire en chiffres l'exercice suivant:
1 1 2 0 3 5 4 2 .

593 Transcrire sur portée, en clé sol, le solfège N° 584 ci-dessus :

23e Étape

Intonation

A^re Ton La min. (d 6)

594	6 3 6 i	5 3 5 7	6 3 6 i	5 2 5 7	6 3 3 6
	6 3 i 6	5 3 7 5	6 3 i 6	5 2 7 5	6 3 3 6
	6 3 i 3	5 3 7 3	6 3 i 3	5 2 7 2	6 3 3 6

A^re Ton La min (d 6)

595	6 i 6 3	5 7 5 3	6 i 6 3	5 7 5 2	6 3 3 6
	6 i 3 6	5 7 3 5	6 i 3 6	5 7 2 5	6 3 3 6
	6 i 3 i	5 7 3 7	6 i 3 i	5 7 2 7	6 3 3 6

C. Ton Ut (d 6)

596	1 3 5 i	i 6 4 1	1 3 5 i	7 5 2 7	1 i 1
	1 3 i 5	i 6 1 4	1 3 i 5	7 5 7 2	1 i 1
	1 5 3 i	i 4 6 1	1 5 3 i	7 2 5 7	1 i 1

C. Ton Ut (d 6).

597 ‖ 1 5 3 4 2 1, 2 6 4 5 3 2, 3 7 5 6 4 3, 1 i 1 ‖
‖ 1 5 3 2 4 1, 2 6 4 3 5 2, 3 7 5 4 6 3, 1 i 1 ‖

C. Ton Ut (d 6).

598 ‖ i 7 i 6 5 6 7 6 5 4 5 6 5 3 2 3 4 3 1 7 1 2 1 2 1 2 1 1 i 1 ‖

D. Ton Ré (d 5) F. Ton Fa (d 3) D. Ton Ré (d 5)

599 ‖ 5 6 5 6 5 (5 3) 4 3 4 3 2 1 2 1 2 3 4 5 (6 i) i 7 i 5 3 5 1 ‖
sol ut

Méloplaste.

600 Exercices à indiquer par le professeur (Voir N° 546 de l'Instituteur musicien Cours moyen).

D. Ton Ré (d 5)

601

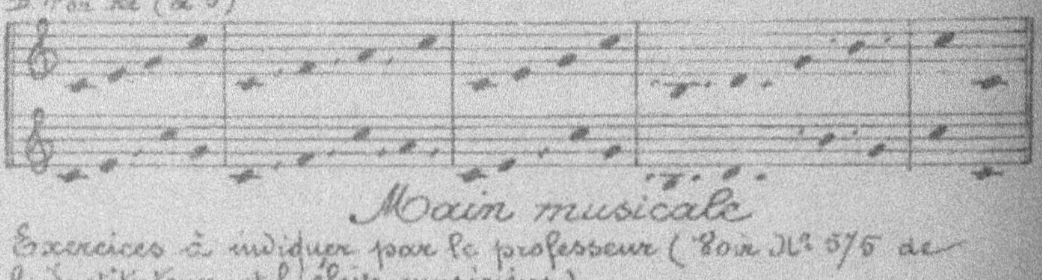

Main musicale

602 Exercices à indiquer par le professeur (Voir N° 575 de l'Instituteur et l'élève musiciens).

Dictée (par le professeur)

603 Voir N° 8 pour les exercices possibles pour l'élève seul.

Mesure

F. Ton Fa (d 3)

604 ‖ 01 01 | 02 02 | 03 03 | 04 5 ‖ 05 05 | 04 04 | 03 03 | 02 10 ‖

605 ‖ 1 . 2 3 . 4 | 5 6 7 1̇ | 5 . 0 0 | 1̇ . 7 6 . 5 | 5 4 3 2 | 1 . . 0 ‖

F. Ton Fa (d 3)

606

Théorie

Langue des durées. — Mesures à division binaire du temps.

607. — La langue des durées a pour but de faire sentir exactement les divisions du temps.

608 Voyelles. — Lorsque le temps est divisé par deux, la première moitié est désignée par a, et la seconde par é

609 Consonnes. — Les sons articulés sont désignés par la consonne t placée devant la voyelle correspondante :

Ex : | 1 1 |
ta té

610 Prolongations. — Les prolongations des sons sont désignés par la voyelle seule :

Ex : | . 1 |
a té

611 Silences : Le silence s'appelle chu, et la prolongation de silence u :

Ex : | 1 0 0 1 | ....
ta chu u té

Remarque : Quand le temps n'est pas divisé, on le nomme ainsi :

Ex : 1 . 0
taa aa chuu

Phonomimie

612 (par le professeur. — Voir N° 8 et 54 de l'Instituteur musicien (C. E), et 18 et 500 de l'Instituteur musicien (C. M).

Lecture à vue.

G. Ton Sol (d 2).

613 ‖ 01 30 | 02 40 | 03 20 | 01 7̣0 | 06̣ 10 | 07̣ 20 | 01 7̣0 | 06̣ 5̣0 | 07̣ 20 |
| 01 30 | 02 40 | 03 50 | 04 30 | 02 10 | 03 20 | 07̣ 10 ‖ Rodolphe.

A. Ton La (d 1̇) M. 120

614 ‖ 1̇ . . | 76 54 32 | 1̇ . . | 76 54 32 | 12 34 56 | 6 . 2 | 2̇ . . | 1̇7 65 43 |
| 2̇ . . | 1̇7 65 43 | 23 45 67 | 5 . . | 1̇ . . | 76 54 32 | 1̇ . . | 76 54 32 |
| 12 34 56 | X . 6 | 4̇ . . | 3̇2̇ 1̇7 65 | 3̇ . . | 2̇1̇ 76 54 | 35 45 42 | 1 . 0 ‖

A. Ton La (d 1̇) M. 112

615 | 003̇ | 2̇01̇ 706 | 505 567 | 1̇71̇ 1̇3̇2̇ | 1̇76 503̇ | 2̇01̇ 706 | 505 567 |
| 2̇1̇7 676 | 500 2̇ | 4̇3̇2̇ 1̇76 | 576 502̇ | 4̇3̇2̇ 1̇76 | 576 503̇ | 2̇01̇ 706 |
| 505 567 | 1̇71̇ 1̇3̇2̇ | 1̇76 503̇ | 2̇01̇ 706 | 505 567 | 2̇1̇7 1̇3̇2̇ | 1̇3̇2̇ 1̇ ‖
(Mendelssohn)

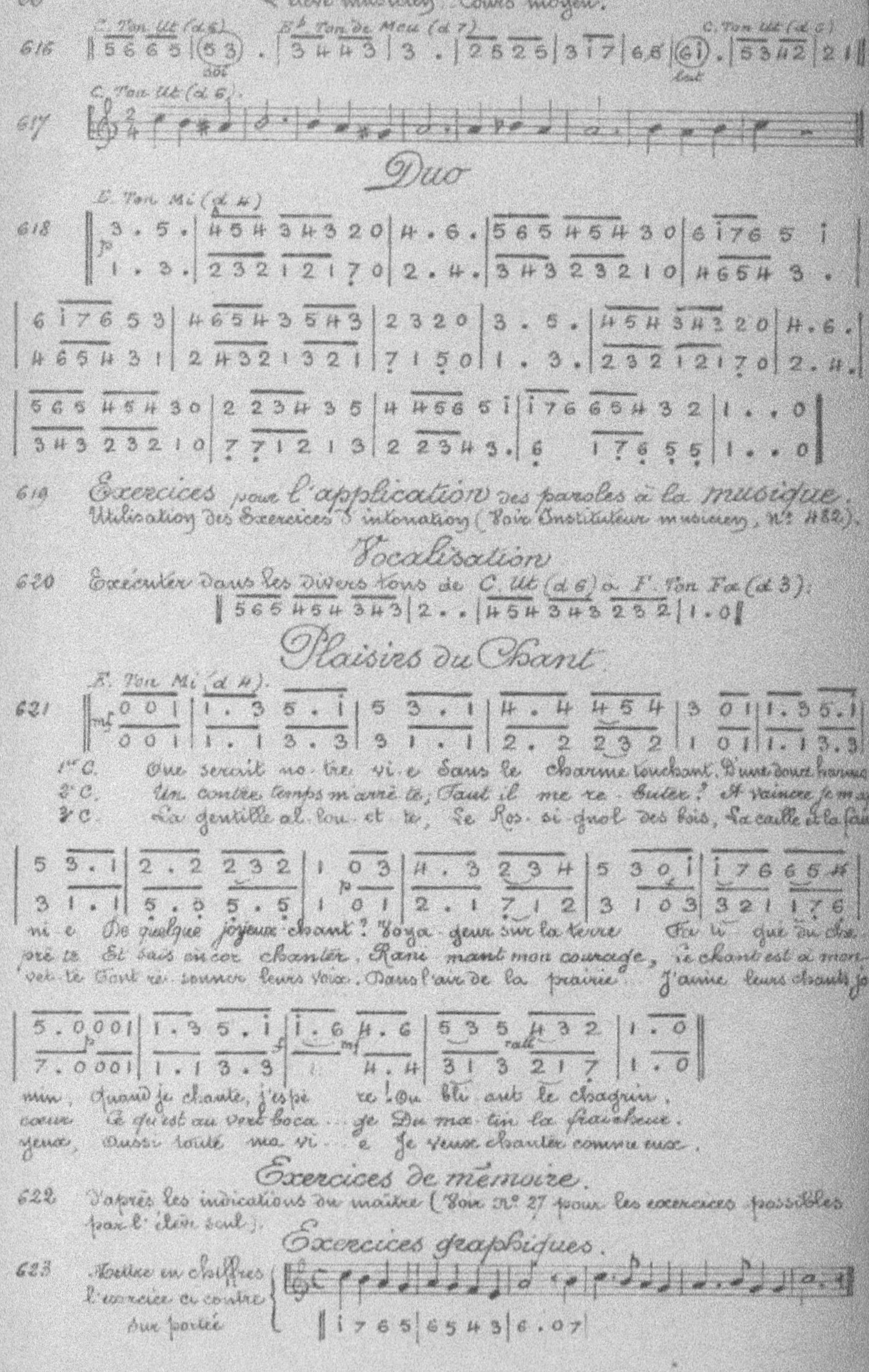

616 C. Ton Ut (d 6) ‖ 5 6 6 5 | (5 3) . | B♭ Ton de Mi♭ (d 7) 3 4 4 3 | 3 . | 2 5 2 5 | 3 1 7 | 6 8 | C. Ton Ut (d 6) (6 1) . | 5 3 4 2 | 2 1 ‖

617 C. Ton Ut (d 6).

Duo

618 E. Ton Mi (d 4)

Exercices pour l'application des paroles à la musique.

619 Utilisation des Exercices d'intonation (Voir Instituteur musicien, N° 482).

Vocalisation

620 Exécuter dans les divers tons de C. Ut (d 6) à F. Ton Fa (d 3).

‖ 5 6 5 4 5 4 3 4 3 | 2 . . | 4 5 4 3 4 3 2 3 2 | 1 . 0 ‖

Plaisirs du Chant.

621 E. Ton Mi (d 4).

1er C. Que serait no-tre vi-e Sans le charme touchant D'une douce harmo-ni-e De quelque joyeux chant ? Voya-geur sur la terre Fa-ti-gué du che-min, Quand je chante, j'espè-re ! Ou-bli-ant le chagrin.

2e C. Un contre-temps m'arrê-te ; Faut-il me re-buter ? A vaincre je m'ap-prê-te Et sais encor chanter, Rani-mant mon courage, Le chant est à mon cœur Ce qu'est au vert boca-ge Du ma-tin la fraîcheur.

3e C. La gentille al-lou-et-te, Le Ros-si-gnol des bois, La caille et la fau-vet-te Font ré-sonner leurs voix. Dans l'air de la prairie J'aime leurs chants joyeux, Aussi toute ma vi-e Je veux chanter comme eux.

Exercices de mémoire.

622 D'après les indications du maître (Voir N° 27 pour les exercices possibles par l'élève seul).

Exercices graphiques.

623 Mettre en chiffres l'exercice ci-contre sur portée

‖ 1̇ 7 6 5 | 6 5 4 3 | 6 . 0 7 |

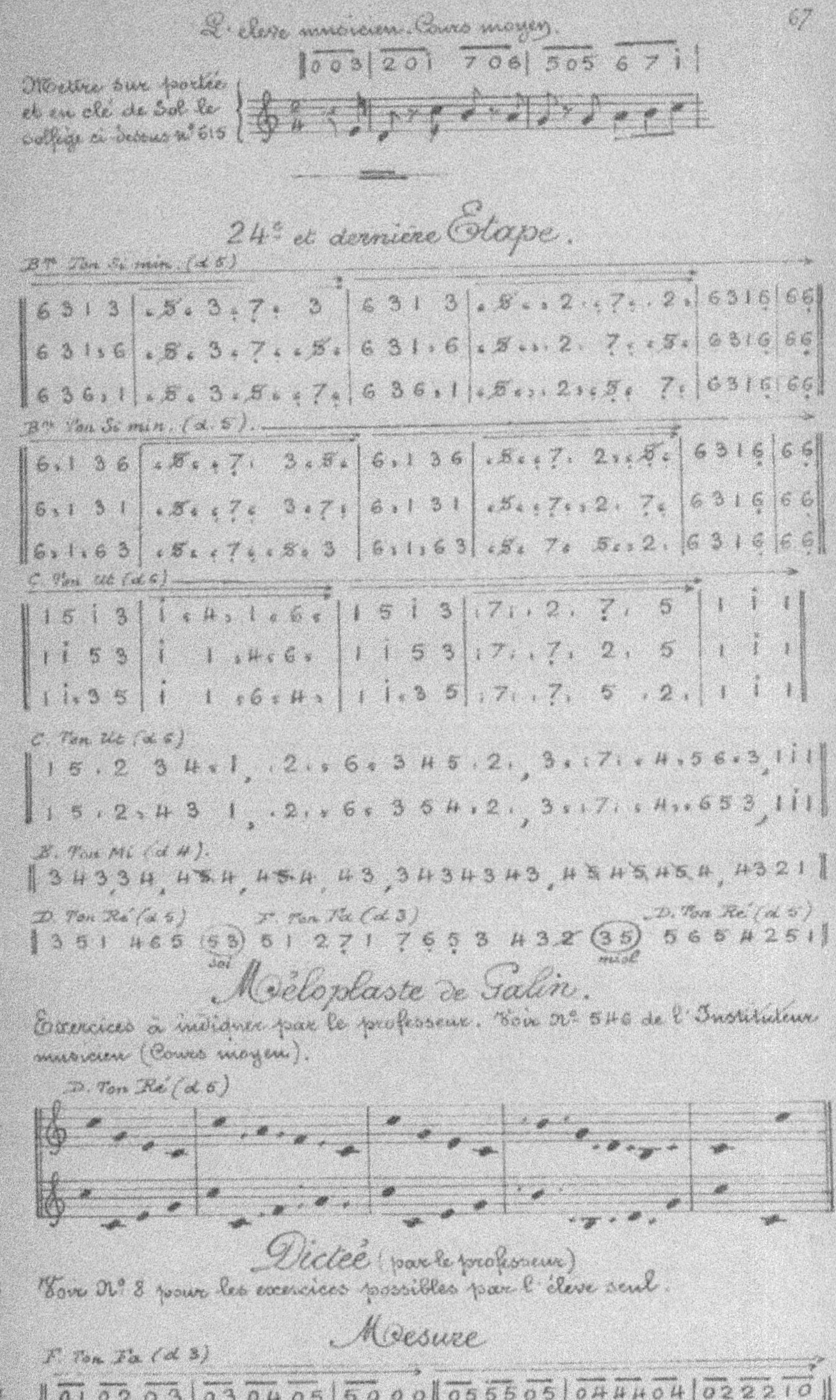

L'élève musicien. Cours moyen.
67
Mettre sur portée et en clé de Sol le solfège ci-dessus n° 615
24e et dernière Étape.
Bm Ton Si min. (d 5)
C. Ton Ut (d 6)
B. Ton Mi (d 4).
D. Ton Ré (d 5)
F. Ton Fa (d 3)
Méloplaste de Galin.
Exercices à indiquer par le professeur. Voir N° 546 de l'Instituteur musicien (Cours moyen).
D. Ton Ré (d 6)
Dictée (par le professeur)
Voir N° 8 pour les exercices possibles par l'élève seul.
Mesure
F. Ton Fa (d 3)

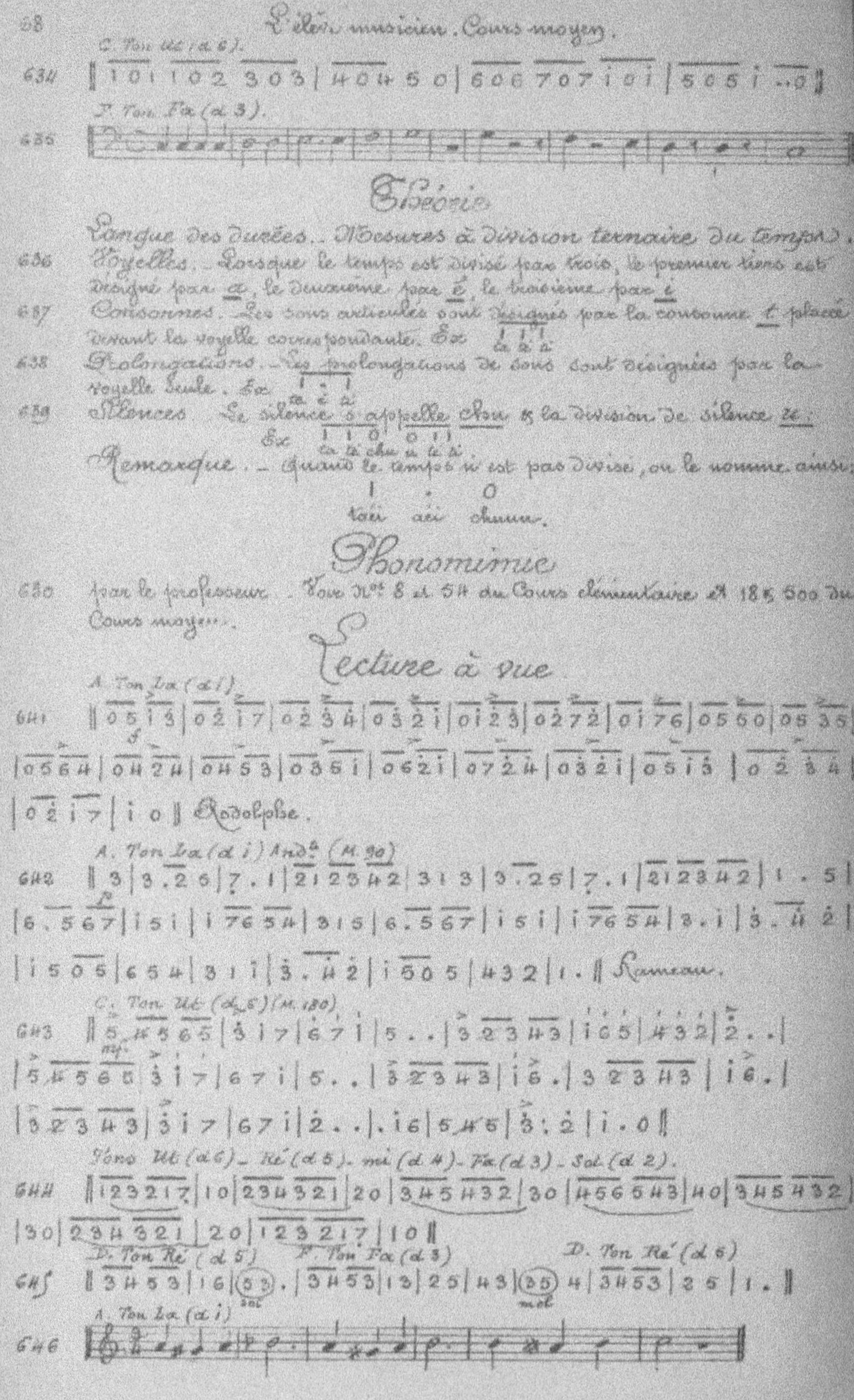

C. Ton Ut (d 6).

634 ‖ 1 0 1 1 0 2 3 0 3 | 4 0 4 5 0 | 6 0 6 7 0 7 1 0 1 | 5 0 5 1 .. 0 ‖

F. Ton Fa (d 3).

635

Théorie

Langue des durées. — Mesures à division ternaire du temps.

636 Voyelles. — Lorsque le temps est divisé par trois, le premier tiers est désigné par a, le deuxième par é, le troisième par i.

637 Consonnes. — Les sons articulés sont désignés par la consonne t placée devant la voyelle correspondante. Ex 1 1 1 (ta té ti)

638 Prolongations. — Les prolongations de sons sont désignées par la voyelle seule. Ex 1 . 1 (ta é ti)

639 Silences. Le silence s'appelle chu et la division de silence u.
Ex 1 1 0 0 1 1 (ta té chu u té ti)

Remarque. — Quand le temps n'est pas divisé, on le nomme ainsi :
1 . 0
taa aa chuu.

Phonomimie

650 par le professeur. — Voir Nos 8 et 54 du Cours élémentaire et 18 & 500 du Cours moyen.

Lecture à vue

A. Ton La (d 1).

641 ‖ 0 5 1 3 | 0 2 1 7 | 0 2 3 4 | 0 3 2 1 | 0 1 2 3 | 0 2 7 2 | 0 1 7 6 | 0 5 6 0 | 0 5 3 5 |
| 0 5 6 4 | 0 4 2 4 | 0 4 5 3 | 0 3 5 1 | 0 6 2 1 | 0 7 2 4 | 0 3 2 1 | 0 5 1 3 | 0 2 3 4 |
| 0 2 1 7 | 1 0 ‖ Rodolphe.

A. Ton La (d 1) Andte (M. 90)

642 ‖ 3 | 3 . 2 6 | 7 . 1 | 2 1 2 3 4 2 | 3 1 3 | 3 . 2 5 | 7 . 1 | 2 1 2 3 4 2 | 1 . 5 |
| 6 . 5 6 7 | 1 5 1 | 1 7 6 5 4 | 3 1 5 | 6 . 5 6 7 | 1 5 1 | 1 7 6 5 4 | 3 . 1 | 3 . 4 2 |
| 1 5 0 5 | 6 5 4 | 3 1 1 | 3 . 4 2 | 1 5 0 5 | 4 3 2 | 1 . ‖ Rameau.

C. Ton Ut (d 5) (M. 180)

643 ‖ 5 4 5 6 5 | 3 1 7 | 6 7 1 | 5 . . | 3 2 3 4 3 | 1 6 5 | 4 3 2 | 2 . . |
| 5 4 5 6 5 | 3 1 7 | 6 7 1 | 5 . . | 3 2 3 4 3 | 1 6 . | 3 2 3 4 3 | 1 6 . |
| 3 2 3 4 3 | 3 1 7 | 6 7 1 | 2 . . | . 1 6 | 5 4 5 | 3 . 2 | 1 . 0 ‖

Tons Ut (d 6) — Ré (d 5) — mi (d 4) — Fa (d 3) — Sol (d 2).

644 ‖ 1 2 3 2 1 7 | 1 0 | 2 3 4 3 2 1 | 2 0 | 3 4 5 4 3 2 | 3 0 | 4 5 6 5 4 3 | 4 0 | 3 4 5 4 3 2 |
| 3 0 | 2 3 4 3 2 1 | 2 0 | 1 2 3 2 1 7 | 1 0 ‖

D. Ton Ré (d 5) F. Ton Fa (d 3) D. Ton Ré (d 5)

645 ‖ 3 4 5 3 | 1 6 | (5 3) . | 3 4 5 3 | 1 3 | 2 5 | 4 3 | (3 5) 4 | 3 4 5 3 | 2 5 | 1 . ‖
sol mi

A. Ton La (d 1)

646

Duo

A. Ton La (d 1) M 100

647
‖ 3 3 . 4 5 6 | 2 2 . 3 4 5 | 1 1 . 2 3 4 | 3 . 2 0 | 5 5 . 6 7 1 |
‖ 0 0 1 1 | . 7 6 5 7 7 | . 6 5 4 6 6 | . 5 ♯4 5 7 6 5 4 | 3 0 1 1 |

| 6 6 . 7 1 2 | 7 1 2 3 1 2 3 4 | 2 6 . 4 | 3 3 . 4 5 6 | 2 2 . 3 4 5 |
| . 2 3 4 2 2 | . 3 4 5 3 4 5 6 | 7 6 7 5 6 . 7 | 5 0 1 1 | . 7 6 5 7 7 |

| 1 1 . 2 3 4 | 3 . 2 0 | 5 5 . 6 7 1 | 6 6 . 7 1 2 | 3 1 4 3 2 . | 1 . 0 0 ‖
| . 6 5 4 6 6 | . 5 ♯4 5 7 6 5 4 | 3 0 1 1 | . 2 3 4 5 5 | . 6 2 1 7 6 7 5 | 1 . 0 0 ‖

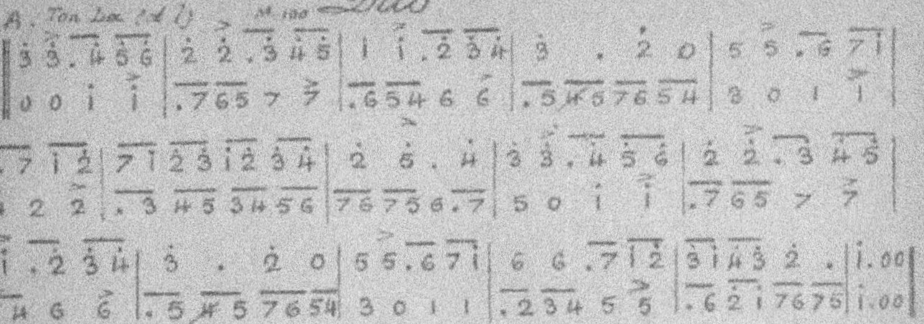

Exercices pour l'application des paroles à la musique.

648 Utilisation des exercices d'intonation (Voir Instituteur musicien n° 482)

Vocalisation.

649 Exécuter l'exercice suivant dans tous les tons de C. Ut (d 6) à G. Sol (d 2) ... { 1 7 1 2 1 2 3 2 3 | 4 5 4 3 4 3 2 3 2 | 1 . 0 ‖

La tâche est terminée.

F. Ton Fa (d 3)

650
‖ 0 0 0 3 | 5 . 3 5 . 3 | 1 5 | 1 7 1 2 . 2 | 3 . | 3 2 3 4 . 4 |
‖ 0 0 0 1 | 3 . 1 3 . 1 | 1 5 | 3 3 3 5 . 5 | 1 . | 1 7 1 2 . 2 |

1er C. Amis, écou-tez l'heure qui nous dit à demain chacun de sa de-
2e C. Que de ce jour qui passe Pour ne plus reve-nir Il reste quelque

| 5 3 | 5 6 5 5 4 3 | 2 . | 2 3 2 2 . 4 | 3 5 | 4 3 2 3 . 1 |
| 3 1 | 3 4 3 3 2 1 | 7 . | 7 7 7 7 . 2 | 1 3 | 5 5 5 1 . 1 |

meu-re regagne le che-min. La tâche est termi-né-e Allons, petits et
tra-ce Dans notre sou-ve-nir Qu'demain nous ra-mè-ne après un doux re-

| 2 . . 3 | 5 . 3 5 . 3 | 4 6 | 5 6 6 2 . 3 | 1 . . 0 ‖
| 7 . . 1 | 3 . 1 3 . 1 | 6 4 | 5 5 5 5 . 5 | 1 . . 0 ‖

grands, fi-nir no-tre journé-e, toujours gais et contents.
pos A re-prendre sans peine le cours de nos travaux.

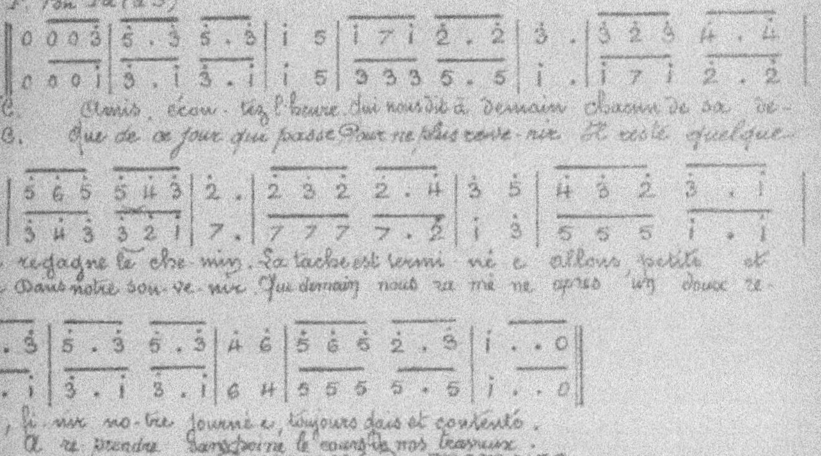

Exercices de mémoire.

651 D'après les indications du maître. Voir N° 27 pour les exercices possibles par l'élève seul.

Exercices graphiques.

652 Transcrire en chiffres l'exercice suivant.

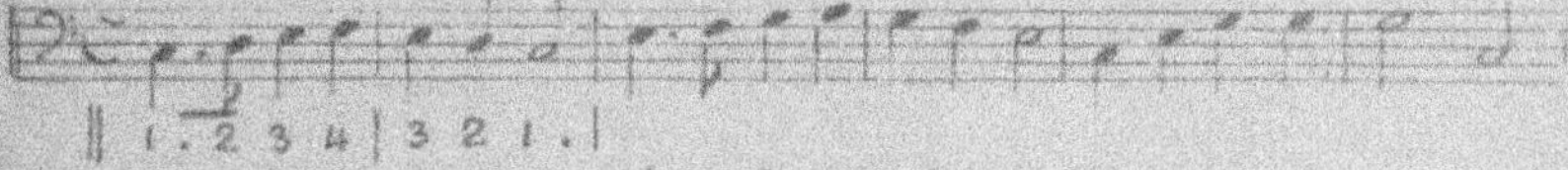

‖ 1 . 2 3 4 | 3 2 1 . |

653 Mettre sur portée et en clé fa l'exercice N° 642 ci-dessous

‖ 3 | 3 . 2 5 | 7 . 1 | ......

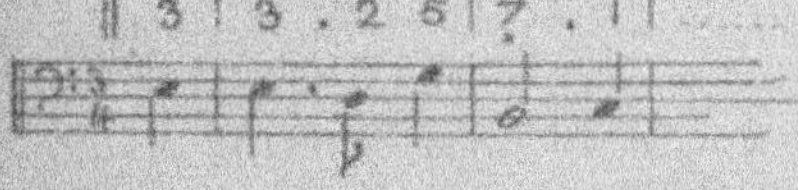

Table des matières de l'Élève musicien

Imp. lith. de l'Orph. Prévost à Compiègne (Oise). — N° 631. 1-29. — A. P. Ouvrier, [illegible].

www.ingramcontent.com/pod-product-compliance
Ingram Content Group UK Ltd.
Pitfield, Milton Keynes, MK11 3LW, UK
UKHW022123260726
13993UKWH00003B/1198

9 782329 222004